培智学校运动与保健课程实施计划

象山县培智学校的循证实践

主编　吴素芬

西北大学出版社

·西安·

图书在版编目（CIP）数据

培智学校运动与保健课程实施计划/吴素芬主编.
西安：西北大学出版社，2025.3 —— ISBN 978 - 7 - 5604 -
5642 - 3

Ⅰ. G764

中国国家版本馆 CIP 数据核字第 2025CV6666 号

培智学校运动与保健课程实施计划
PEIZHI XUEXIAO YUNDONG YU BAOJIAN KECHENG SHISHI JIHUA

主　　编	吴素芬	
出版发行	西北大学出版社	
地　　址	西安市太白北路 229 号	
邮　　编	710069	
电　　话	029 - 88303310	
网　　址	http：//nwupress. nwu. edu. cn	
电子邮箱	xdpress@ nwu. edu. cn	
经　　销	全国新华书店	
印　　刷	西安华新彩印有限责任公司	
开　　本	889mm×1194mm　1/32	
印　　张	3. 75	
字　　数	60 千字	
版　　次	2025 年 3 月第 1 版　2025 年 3 月第 1 次印刷	
书　　号	ISBN 978 - 7 - 5604 - 5642 - 3	
定　　价	32. 00 元	

如有印装质量问题，请与本社联系调换，电话 029 - 88302966。

编委会

编写说明

　　体育是实现儿童青少年全面发展的重要途径，对于促进学生积极参与体育运动、养成健康与安全的意识及健康生活方式、健全人格品质、提升国民综合素质、推动社会文明进步，具有现实和长远意义。运动与保健课程是培智学校学生们学习运动技能、发展运动能力、掌握运动常识、培养锻炼兴趣的基础课程之一。优化课程建设既是实现学校高品质体育的基础，也是学校践行健康中国战略的责任。

　　2016 年，国家正式发布了《培智学校义务教育运动与保健课程标准》，为培智学校的体育教育指明了方向。在落实课程标准的教学实践过程中，发现将课程标准的目标体系与学校教育生态环境有机结合还存在着"逻辑断层"，通过校本化开发实现国家课程标准落地是教育实践工作者无法回避的责任和挑战。因此，学校根据课程标准提出了制订学校运动与保健课程实施计划的建议，综合考量学校现有课程资源、教学实际情况及学生个性化需求，在多年探索式教学实践的基础上，以学校教研团队为基础，在专家团队的指导下，完成了《培智学校运动与保健课程实施计划》的编写工作。这一成果既是对学校体育教育教学实践经验的总结和梳理，也是从理论视角对《培智学校义务教育运动与保健课程标准》校本化开发的"底层逻辑"的搭建。课程实施计划是对"底层逻辑"的诠释。我们期待通过《培智学校运动与保健课程实施计划》的编写，为培智学校实施运动与保健课程提供有益的参考与借鉴。

本书共九部分，其中第一至三部分深入阐述了学校制订本课程计划的背景、指导思想及现实需求；第四部分从课程资源现况、学校体育教育教学现况、学生现况三个维度，全面剖析了学校运动与保健课程的教学现状；第五部分在运动与保健课程总目标的指引下，针对运动参与、运动技能、身体健康、心理健康四大领域，根据学生的不同能力水平，制订了具体的学习目标；第六部分结合人类动作发展理论、拉邦动作分析理论等重要理论模型，规划了各领域不同水平的学习目标与课程内容；第七部分针对身体健康中的姿态及体能、运动技能领域，对课程内容进行了学年进阶划分；第八部分提出了本课程计划的实施模式与策略；第九部分则详细阐述了运动与保健课程的学习评价原则及具体的评估内容。

本书在编写过程中，参考了大量国内外相关研究和著作、相关的网站，在此一并表示感谢。本书的圆满完成，得到了中国残疾人康复协会常务理事、残疾人体育与健康专业委员会主任、北京体育大学教育学院教授、博士生导师卢雁教授，浙江省特殊教育指导中心陈荣弟老师以及杭州师范大学经亨颐教育学院心理学系副主任、副教授连福鑫老师的大力支持与帮助，在此谨向以上各位专家和长期关心支持我们的各级领导、同人表示衷心的感谢。

限于能力与时间，书中难免存在一些不足之处，衷心希望广大读者在阅读本书的过程中，能够不吝赐教，提出宝贵的批评与建议，以便后续不断改进和完善。

象山县培智学校

2025 年 2 月

目 录

一、引 言

  2018 年 6 月，世界卫生组织《2018—2030 年促进身体活动全球行动计划：加强身体活动 造就健康世界》指出将加强身体活动、造就健康世界作为一项健康战略和发展战略，倡导将身体活动纳入健康服务体系，强调积极的身体活动对健康至关重要。国务院制定的《全民健身计划(2021—2025 年)》和中共中央办公厅、国务院办公厅印发的《关于构建更高水平的全民健身公共服务体系的意见》聚焦"坚持以人民为中心，贯彻新发展理念，以增强人民体质、提高全民健康水平为根本目的，深入实施全民健身国家战略，全面推进健康中国建设"为政策目标指向。

  在学校健康服务体系中，通过身体活动促进学生健康状态的获得具有无可替代的作用。跨文化背景下已有多项研究证据支持运动能够促进健康，加强规律性的身体活动能够提高学生的健康水平的结论。根据世界卫生组织 2020 年 11 月发布的《关于身体活动和久坐行为指南》对不同人群的具体建议，有证据支持残疾人参与身体活动可以获得与健全人同等的健康效益，并且指出即使每周低于 150 分钟推荐量的身体活动也有益于健康。且最新证据表明，当残疾人参与适合其当前身体功能和健康水平的身体活动时，可达到有效降低其共患病风险和改善身体功能、认知功能和健康相关生活质量的效果。因此，提高学生的身体活动质量和参与程度可以作为维持和促进学生健康水平的有效途径。

特殊教育学校是推进高质量全民健身战略的重要场域之一，运动与保健课程是学生能否获得高品质的体育教育、实现身体活动与健康促进的支持保障依托。为促进学生积极参与身体活动、健康生活、融入社会，根据《培智学校义务教育运动与保健课程标准（2016 年版）》（简称《课程标准》）中提出的"制订学校运动与保健课程实施计划的建议"，结合本校实际，开发制订《培智学校运动与保健课程实施计划》（简称《课程计划》），旨在深化学校课程改革，推进学生身体活动，融入健康服务体系建设，为提升教师专业化发展、实现高质量体育教育夯实基础。

二、制订《课程计划》的指导思想

　　《课程计划》是基于《培智学校义务教育运动与保健课程标准（2016 年版）》的课程目标框架结构，并在深入解读、理解、把握其主要精神与核心要义的基础上进行的适应性与可操作性的细化重构，其特征是将课程标准的理念及目标导向与象山县培智学校的情景深度融合的、国家课程标准校本化开发的过程。《课程计划》开发过程所遵循的指导思想有以下几点：

1. 坚持健康第一，深化育人价值

　　《课程标准》以"健康第一"为指导思想，在强调学科特点的同时，也关注课程的综合性——发挥运动的育人功能，构建运动参与、运动技能、身体健康、心理健康四大领域内容，在课程中融入健康生活方面的知识和技能，渗透品德教育，促进学生身心协调、全面地发展，为平等、充分地参与社会生活，适应社会需要奠定基础。

2. 围绕核心素养，注重全人发展

运动与保健课程关注核心素养的培养，不仅让学生通过课程学习掌握基本运动技能、体能、专项运动技能，还要引导学生逐步形成正确的价值观、必备品格和关键能力，并习得应当遵循的行为规范，使学生在教学过程中得以全面发展，甚至能够学会在复杂情境中灵活运用所学知识解决实际问题。

3. 聚焦个体发展，体现学生中心

根据学生的运动能力差异，《课程标准》将贯穿九个年级的课程内容，科学划分为三个水平层次，并在运动参与、运动技能、身体健康、心理健康四个方面分别设定了相应的学习目标。这些目标紧密贴合学生的身心发展特点，充分尊重学生的运动兴趣与需求，其难度也适应学生的学习与发展水平。同时，课程充分考虑了学生的不同发展需求并有所侧重，使得每个学生都能根据自身实际情况选择适合自身能力的学习内容。此外，课程还积极鼓励部分学生进一步拓展和提高，确保每个学生都能在课程中找到属于自己的成长路径。

4. 设定适切目标，凸显导向功能

《课程标准》明确提出，各地、各校需进一步结合本地、本校的实际情况，对课程目标进行细化，使课程目标更加具体、可操作。这包括设定清晰的水平目标、学年目标、学期目标、单元目标以及课时目标，形成一个有计划、有步骤的目标体系，以促进学习目标的达成。通过设定易于观测的行为表征，教师能够更准确地观察学生的表现，并给予有针对性的指导和评价，这为教师的教学提供了明确、具体的指导依据，从而确保教学目标的有效实现。

三、制订《课程计划》的现实需求

象山县培智学校坐落于象山半岛东面——涂茨镇东港村，前身是涂茨镇初级中学，2011 年 9 月，改建成县域内唯一一所融合学前教育、义务教育、职业教育为一体的十五年一贯全寄宿制的公办特殊教育学校。学校坚持"让每一个孩子都有尊严地生活"的办学理念，立足特殊儿童的身心特点与多元需求，大力推进特殊教育普及普惠、适宜融合高质量发展。

创办初期，学校敏锐地洞察到，由于多数特殊儿童长期居家，与外界接触有限，导致 77.4% 的学生从未参与过强度较大的体育活动，仅有 5% 的学生能在一周内进行 1~2 次中等强度的身体锻炼，身体活动严重不足，进而影响了他们的感知觉、动作协调及运动能力的发展。加之学校地处农村，作为一所高达 95% 学生住宿的寄宿制学校，存在着体育场地有限、器材适用性不强等问题，难以满足每位特殊儿童个性化、针对性的运动需求。鉴于此，学校创新性地将丰富的农村生活资源融入体育教学之中，旨在通过这一举措为特殊儿童打造更加个性化、充满吸引力的体育学习环境，让他们在体验中感受运动的乐趣，促进身心健康发展。

2016 年，随着教育部《课程标准》的发布，学校积极响应号召，紧密结合自身实际，以此为指导依据，深入推进校本化课程改革。通过优化课程体系，创新教学方法，确保课程标准得到有效落实，同时进一步挖掘农村生活资源的潜力，为特殊儿童量身定制更加科学合理的体育教学计划，助力他们在运动中成长，在快乐中进步。

四、学校运动与保健 课程教学现况分析

（一）课程资源现况

1. 人力资源

学校积极发挥"校、家、社三位一体"的协同育人功能，在运动与保健课程的实施过程中，其人力资源力量不仅限于体育教师，还广泛吸纳学校所有教师、家长以及社会各界人士等多元力量共同参与，以形成合力，促进学生的全面发展与健康成长。

首先是教师资源。在教师资源的配置上，体育教师无疑占据了课程人力资源的核心位置，他们是推动运动与保健课程实现校本化、特色化实施的关键驱动力。同时，班主任及非体育学科教师也积极发挥辅助与支持作用，共同构建了一个全方位、多层次的教学支持体系。具体而言，我校目前拥有 4 名体育教师，虽然数量上相对较少，但每位教师都各具特色与专长，他们组成了专门的教研小组，定期开展教学研讨活动，不断提升教学质量与效率。其中，有一名专职体育教师拥有科班出身的专业背景，是教学团队的中坚力量，为课程的科学性与专业性提供了坚实保障。此外，学校还配备了13名专注于体育相关动作康复的教师，他们虽不直接参与日常的体育教学，但在运动损伤的预防、康复以及运动保健知识的普及方面发挥着不可替代的作用。除了体育教师外，其他教职员工也全面参与到课程实施与学生课外活动的组织中。在课间休息等课余时间，他们各司其职、紧密配合：体育组教师主导设计多样化的体育活动，激发学生的运动兴趣；全校教师根据安排分组参与到课间体育活动中，与学生互动；保育员、保安等后勤支持人员则承担起活动器材的收发、清洁维护与安全检查的重任，确保所有器材的完好与安全。这种全校上下齐心协力、共同育人的良好氛围，有效缓解了体育教师数量不足的问题，为学校运动与保健课程的顺利实施奠定了坚实的基础。

其次是学生资源。尽管存在身体和心理上的差异，但特殊学生同样具有体育学习和锻炼的需求。

事实上，大多数学生不仅乐于参与体育活动，而且还会自发地结伴进行体育锻炼，甚至动手制作简易体育器材。在体育活动中，可以充分利用特殊学生的这些特点，采用合作、互助等教学方式，让他们在团队中相互学习、相互支持。同时，将一些在体育方面表现出色的特殊学生培养成为榜样，通过他们的示范和引领作用，激励其他学生积极参与体育活动，共同进步。

再次是家长资源。学校积极采取措施，全面激发家长的热情与参与度，使家长成为课程资源开发与利用中不可或缺的支持力量。据调查统计，高达80.1%的家长对学生参与体育活动持积极支持态度，仅有极少数（1.3%）的家长持反对意见。这一数据充分展示了广大家长群体对于体育教育的广泛共识与坚实支持基础。而通过教育引导，还能争取更多家长的理解与支持。在这样的积极氛围下，学生们无论是在校园内还是在家中，都能享受到一个鼓励参与、崇尚运动的宽松环境。家长不仅会陪伴学生探索与拓展体育活动的场地，还会利用自身的资源，帮助学生创造更好的体育活动条件，包括支持购买体育活动用品、自制体育器材等。

最后是社会资源。学校以所在的涂茨镇为试点，成功构建了特殊儿童社区服务体系，并通过其显著的以点带面效应，有效汇聚了多元化的社会资源。在涂茨镇的 22 个自然村内，通过网格员积极引领，村民们自发组织起志愿服务队，他们不仅负责社区运动场地的定期维护检修，还全面承担起活动期间的安全保障工作，为社区内各类体育活动的顺利举办提供了坚实后盾。同时，学校还充分利用社区成人学校的丰富教育资源，打破年龄界限的壁垒，积极倡导并推动幼儿、青年、老年群体等全年龄段居民共同参与乡村传统体育活动，有效拓宽了课程实施的人力资源基础。

2. 器材设施资源

象山县培智学校作为浙江省首批特殊教育标准化学校，不仅配备了完善的体育设施，包括一个 200 米跑道的塑胶运动场、一个篮球场以及双杠区、单杠区、联合器材区，还独具匠心地对校园景观进行了全面改造，打造了知动花园、林间穿梭、沙觉池、小溪搭石、欢乐草坡等特色运动场地，设置了可调节高度的篮球架，以满足不同年龄段学生的需求。同时，学校巧妙地将日常生活用品（如餐盘、筥筐、竹梯、水桶、扁担、水管等）通过拆解、组合与改造，创新性地转化为适合特殊学生使用的运动器材。例如，让学生端着餐盘，或挑着筥筐，走在一条由窄凳、轮胎、木板等组合而成的模拟乡村田间小路上。这些创新不仅为学生创造了一个有利于学习与锻炼的优质环境，还大力激发了他们对运动的兴趣与热爱，进而帮助他们建立起主动锻炼的积极意识，为他们的全面发展奠定坚实的基础。

此外，学校积极拓宽资源边界，深入挖掘并充分利用社区及周边一切可利用的体育场馆、设施及器材资源，以丰富教学内容与形式。以学校所在的涂茨镇为试点，学校根据各村（社区）独特的资源优势，精心设计一系列运动场地改造方案，通过与当地政府的紧密合作与共同努力，建设了包括森林公园、红色中堡、竹林通道、沙觉乐园等在内的 22 个社区运动场地，为学生提供了多样化、安全且富有挑战性的运动环境。

3. 课程内容资源

学校体育教师主要依据《课程标准》内容来安排组织教学，并根据学生的个体差异和需求进行适宜调整，对教学目标、教学内容、教学组织、规则要求、场地器材、教学评价等进行特殊设计，通过一生一表（即《运动与保健课程个别化教育计划表》），实施精准教学，使体育活动设计适应每一位学生的发展。由于没有统一教材，教师只能对普通小学的体育教材进行加工改造，有时也会自编教材内容或引入民间体育教材等校外资源。同时，学校还依据学生实际需要，编写培智学校专项运动技能——篮球课程，通过简化规则技术、降低难度、淡化达标，开发出适合学生学习掌握的篮球项目。

此外，海岛农村民俗文化多姿多彩，象山的风土人情博大精深、源远流长，早已深深地融入了当地人的日常生活之中。学校不断开发当地的乡土文化作为课程资源，一方面精心整理了27项民俗文化项目，涵盖美食、艺术、节日等多个方面，并将这些独特的象山民俗文化活动，巧妙地融入适应体育活动中。另一方面，学校还组织学生积极参与附近乡村民间体育活动，和村民一起拔河、放风筝、舞龙舞狮，真真切切地感受民间体育的传统风味和农家生活的悠然自得。

4. 地理资源

学校依据所处农村的地域特点，通过细致的分类、整合，按照资源的种类、用途和运用方式进行了系统梳理，逐步形成以季节为时间线、以乡土资源特性为抓手的"四季六源"运动与保健课程教学资源。"四季"即春夏秋冬，"六源"即水源（小河、小溪、水坑等）、沙源（沙滩、沙堆等）、草源（草坡、草地、草丛等）、树源（果园、树林、竹林等）、田源（稻田、油菜地等）、山源（山坡、山间小路、鹅卵石路等），如下页图1所示。让学生充分利用每个季节、每个环境开展体育活动。例如，春天，"田源"上油菜花开了，设计捉迷藏游戏，让学生在油菜花迷宫中追逐奔跑，锻炼反应能力、灵敏性等；夏天，"田源"上留下雨后深深浅浅的泥坑，让学生在上面跳泥坑、跨泥坑，练习跳、跨等动作；秋天，"田源"上的稻子丰收后留下一个个草垛，组织学生"跳山羊"，促进他们的身体协调；冬天，"田源"又要开始新一年的忙碌，让学生体验冬种，在走田埂、过田垄中促进其全身肌肉的伸展，增强活力。

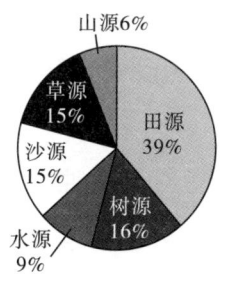

图1　象山县域内"六源"分布

5. 信息资源

在县域内仅有一所特殊教育学校的情况下，体育教师主要通过深入校内的教学研讨，以及与普通学校体育教师之间的积极交流学习，拓宽教学视野。同时，他们不局限于地域，积极与市内、省内同类特殊教育学校建立紧密的教学研讨和资源共享关系，共同探索适应特殊学生需求的教学策略。由于特殊教育学校在体育方面的专业报纸、杂志资源相对稀缺，体育教师充分利用电视、网络等现代媒体平台以及相关书籍，广泛搜集与特殊教育体育教学相关的视频教程、在线课程和文献资料，不断提升自己的专业素养和教学能力，以为学生设计更加科学、合理、有趣的体育教学活动。此外，学校还规划运用信息技术，构建多维度、立体化的评价体系，旨在为每位学生的运动能力绘制精准的"数字画像"，以便更直观、全面地展现每位学生的运动能力。

6. 时间资源

在有效利用运动与保健课时间的基础上，学校积极挖掘课余时间的潜力，通过策划与实施多样化的体育活动，旨在不断巩固与深化学生的学习成果，促进其全面发展。一是优化大课间体育运动的安排，将原有的40分钟时长延长至1小时，开展全校分组的大循环体能游戏，以确保学生有足够的时间参与体育活动。二是充分利用下午50分钟的阳光体育活动时间，组织以班级为单位的体能游戏活动，通过实施轮换制度，确保每位学生都能充分体验到各个运动区域的乐趣与挑战。三是积极鼓励班主任在课间休息时段组织学生进行形式多样的体育活动，培养学生的自主运动意识。通过合理安排时间，确保场地、设施和器材的高效利用，为学生提供了更多展示自我、锻炼身体的机会。

（二）学校体育教育教学现况分析

1. 运动与保健课程教学现况

（1）教学目标合理性：在运动与保健课程的实

施过程中，教师依据《课程标准》所规定的目标以及学生的个体能力进行个别化教育目标的制订。然而，在实际操作中，很多时候目标的细化仅仅依赖于教师的主观意识和经验，缺乏科学、系统的依据，难以充分满足所有学生的实际需求，影响教学效果的评估。因此，要制订清晰、具体且可量化的教学目标，并根据学生能力评估来科学规划教学目标，确保既符合课程标准，又能精准对接每位学生的实际需求，从而提升教学效果的评估准确性和学生的学习成效。

（2）教学内容恰当性：《课程标准》虽为运动与保健课程提供了宏观指导，但当前教学内容尚显单一，缺乏丰富的教材资源，导致教师容易受限于现有条件，不能充分认识并有效应对学生间的个体差异，进而限制了教学内容的针对性调整。因此，要依据学生的具体情况进行教学内容的动态调整，并积极开发多元化的教学资源。这包括但不限于引入传统体育活动、结合生活情境设计的创新教学内容等，旨在提升学生的学习体验与参与度，帮助他们超越身体条件的局限，顺利完成既符合自身特点又富有挑战性的学习任务。

（3）教学方法的灵活性：在当前开展运动与保健课程教学时，教学组织与教学流程雷同度高，往往采用传统的教师下指令、学生被动训练的模式，缺乏必要的创新和变化，导致教学过程显得单调乏味，难以吸引所有学生的注意力，也难以有效激发学生的学习兴趣和积极性。因此，要积极探索并实施多样化的教学策略与模式，如项目式学习、合作学习等现代教学方法，鼓励学生主动参与、自主探究和合作交流。同时，引入信息化教学手段，如利用多媒体教学资源，使教学内容的表现形式更加丰富，使课堂更加生动有趣。通过这些改革措施，不仅能够打破传统教学的束缚，提升课堂的互动性和趣味性，还能更好地满足学生的个性化学习需求，激发他们的学习兴趣和潜能，从而提高运动与保健课程的教学质量和效果。

（4）教学评价的多元性：在当前运动与保健课程的教学评价中，评价手段较为单一，评价指标不明确，评价主体不够多元，过度依赖教师评价，而学生的自我评价和同伴评价则显得相对缺失。尤为突出的是过程性评价的不足，这使得我们难以实时了解和掌握学生在学习过程中的具体表现和进步情况，也无法根据学生的个体差异提供及时、有针对性的反馈和指导。因此，为了全面提升教学评价的有效性，要丰富评价手段，明确评价指标，促进评价主体多元化，使学生在学习过程中及时解决遇到的问题，提高他们的学习效果和学习积极性，充分发挥评价的激励功能，实现以评促教、以评促学的良性循环。

2. 学生体育活动开展现况

学生体育活动主要分为适应体育教育、适应竞技运动、适应休闲娱乐、非医疗环境下的适应体育康复四大板块。

适应体育教育包括特殊体育教育、融合体育教育。特殊体育教育就是针对各种障碍类型的特殊需要儿童进行的特别设计的体育教育与教学。为此，学校针对每位学生精心制订个性化的教育计划，定期组织动作发展水平测试，设置适合个体需要的教育环境与课程，并持续进行动作发展效果的评估，以全方位满足每位学生的需求。融合体育教育是指为满足在普通学校随班就读的特殊需要儿童需求，通过改变规则、环境、方法等教学要素，使这些儿童全面融入普通体育课堂，让他们与普通学生共同参与体育活动，从而促进其身心健康发展。

适应竞技运动是指通过特定的运动训练与比赛，不断提升个人的运动能力、激发其运动潜能。学校充分结合学生兴趣、运动能力特质以及现有场地设施的实际情况，经过综合考量，选取了田径、篮球这两项特奥运动项目作为主要内容，积极组织学生参加各级各类比赛，让他们在运动舞台上展现风采，增强自信心和归属感，也让他们更加坚信自己能够像其他孩子一样，勇敢地追求梦想，实现自我价值。

适应休闲娱乐是让特殊儿童在闲暇时间里，在其生活的社区中积极主动地进行有趣的、有意义的、能够得到满足的大肌肉身体活动。为此，学校精心挑选了县域内 37 个高频活动地点，如公园、景区等，并在每月月末的周五下午就近分组开展适应休闲娱乐。节假日期间，家长就可自行带领孩子前往这些地点进行活动，让孩子们在享受社区活动乐趣的同时，进一步融入社区生活。

非医疗环境下的适应体育康复是指运用体育的各种方法和手段，帮助个体恢复或最大程度地重建已丧失或减弱的功能，涵盖身体机能、心理调适能

力和社交技能等多个方面。学校巧妙地将适应体育
手段融入动作训练、言语治疗以及孤独症干预治疗
之中，以更有效地促进个体的康复与发展。

（三）学生现况分析

1. 学生参与学校体育活动现况

（1）能力：全校学生广泛涵盖了智力残疾、精
神残疾、多重残疾、言语残疾及视力残疾五大类，
呈现出障碍类型的多样性。其中，智力残疾学生的
占比最高，达到了59.3%，精神残疾占比次高，达
22.8%。在障碍程度分布上，三级障碍的学生最为
集中，占52.5%，二级障碍次之，占27.8%，如下
页表1所示。在这些学生群体中，多数学生的障碍
类型与其运动能力展现出一定的关联性。测试结果
显示，障碍程度低的学生通常运动能力较强，他们
不仅在日常生活自理和学习上表现出色，还能积极
参与学校的常规体育活动，投身于各类运动项目的
训练和竞赛中。值得注意的是，运动能力与障碍程
度之间并非绝对对应，即便障碍程度较低的学生，
也存在运动能力相对较弱的情况，这表明两者之间
不存在绝对的直接相关性。不同障碍程度的学生在

运动表现上也展现出多样化的特点，这就要求我们在教学过程中必须采用灵活多样的教学策略和方法，以适应和满足这些学生的多元化需求。

表1　象山县培智学校学生障碍类型、障碍程度统计

障碍类型	障碍程度				合计
	一级	二级	三级	四级	
智力残疾	0	21	54	21	96
精神残疾	1	8	22	6	37
多重残疾	3	14	9	0	26
言语残疾	1	1			2
视力残疾	0	1	0	0	1
共计	5	45	85	27	162

（2）态度：学生参与学校体育活动的态度呈现出一定的复杂性。调查显示，高达82.7%的学生表达了对体育的喜爱之情，这表明体育课程在学生中具有较高的受欢迎度。然而，尽管热情高涨，但仅有60.1%的学生能够经常性地参与到体育活动中来，这之间存在一个明显的差距。进一步分析发现，有22.6%的学生虽然喜欢体育，却未能频繁参与，背后的原因复杂多样，主要包括场地限制、器材不足以及个人身体条件等客观因素。当然，特殊

学生还普遍存在对体育活动目的认识不足的问题。他们未能充分理解体育活动对于身心健康、社交能力、团队合作精神等多方面的重要性，这在一定程度上影响了他们参与体育活动的积极性和持续性。

（3）时间：学生参与学校体育活动的时间安排得既充实又多样。每周设有 3 节体育课，为他们提供系统学习和训练的机会。每天上午，学校安排了 1 小时的大课间时间，全校学生分组参与大循环体能游戏，通过趣味性的活动增强体能。下午则有 50 分钟的班级活动时间，学生或以班级为 .9 单位在运动区域自由活动，或根据运动技能水平加入特奥项目、篮球社团进行专项训练。此外，课间时间也是学生利用班级运动器材和校园运动区角进行锻炼的好时机，确保了他们每天都能开展充足的体育活动。

2. 学生体质现况

总体来看，尽管象山县培智学校的学生体质状况在同类培智学校中表现出一定的优势，但与同龄正常儿童相比，其体质状况仍然存在着显著的差异。

从身体肥胖与否的角度来看，象山县培智学校学生 119 名中，仅有 52.9% 的学生拥有正常的 BMI

（身体质量指数），而肥胖和超重的学生占比高达44.6%，如图2所示这确实是一个需要高度关注的问题。

象山县培智学校学生体重情况分析

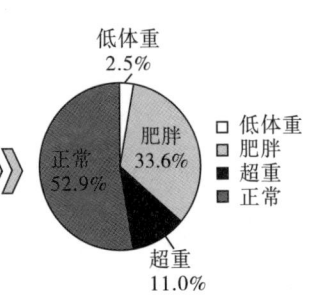

体重	人数	百分比
肥胖	40	33.6%
超重	13	11.0%
正常	63	52.9%
低体重	3	2.5%
总计	119	100%

图2　象山县培智学校学生 BMI 情况分析

注：BIM < 18.5 kg/m² 为低体重；BIM 在 18.5 ~ 23.9 kg/m² 为正常；BIM 在 24 ~ 27.9 kg/m² 为超重；BIM ≥ 28 kg/m² 为肥胖。

从体能角度来看，对象山县培智学校133名学生进行研究，在心肺耐力、上肢力量、下肢力量、身体平衡、身体灵敏度这五大关键体能指标上，与同龄正常儿童相比，存在显著的差异。全面评估显示，体能发育达到或超过实际年龄水平的学生仅有3人，这一比例极低。大部分学生（占多数）的体能发展水平相较于其实际年龄落后了25%~75%不等，更有12%的学生体能发展严重滞后，其水平与实际年龄相比落后了75%以上。进一步细化分析可以发现：在心肺耐力方面，没有一名学生能够达到同龄正常儿童的水平；上肢力量方面，仅有2名学生勉强达到正常水平，显示出这一领域发展的严重不足；其他领域如身体灵敏度的达标人数虽也有限，但与心肺耐力和上肢力量相比，差异并未如此悬殊。特别值得注意的是，身体平衡能力落后的问题尤为突出，有超过半数的学生（接近半数）身体平衡水平与实际年龄相比落后了75%以上，成为亟须改善的重点领域。此外，心肺耐力与下肢力量方面，各有23名学生表现出与实际年龄相比超过75%的显著落后，而上肢力量和身体灵敏度方面，虽然也有学生落后，但人数相对较少，仅为个位数，如图3所示。

综合体能水平（岁）发育分布情况

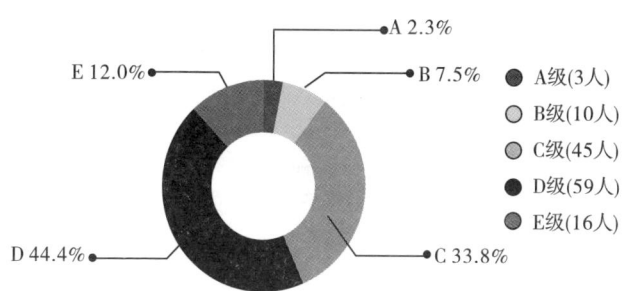

心肺耐力水平（岁）发育分布情况

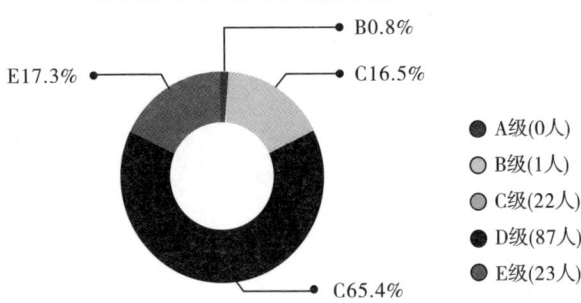

B0.8%
E17.3%
C16.5%
C65.4%

- A级(0人)
- B级(1人)
- C级(22人)
- D级(87人)
- E级(23人)

上肢力量水平（岁）发育分布情况

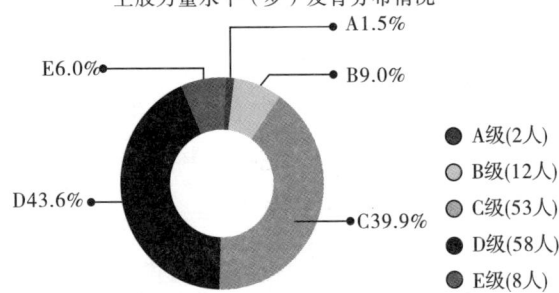

A1.5%
E6.0%
B9.0%
D43.6%
C39.9%

- A级(2人)
- B级(12人)
- C级(53人)
- D级(58人)
- E级(8人)

下肢力量水平（岁）发育分布情况

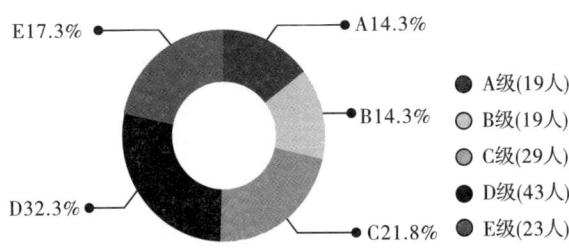

E17.3%
A14.3%
B14.3%
D32.3%
C21.8%

- A级(19人)
- B级(19人)
- C级(29人)
- D级(43人)
- E级(23人)

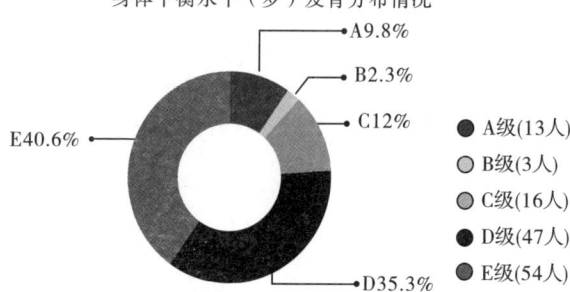

身体平衡水平（岁）发育分布情况

A9.8%
B2.3%
C12%
E40.6%
D35.3%

● A级(13人)
● B级(3人)
● C级(16人)
● D级(47人)
● E级(54人)

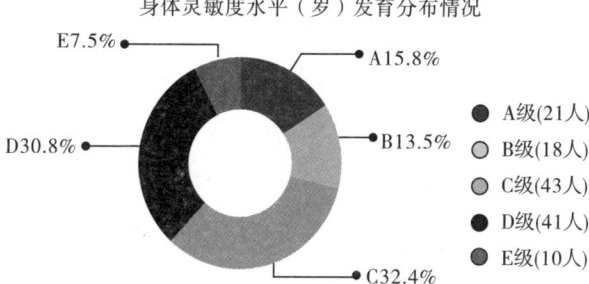

身体灵敏度水平（岁）发育分布情况

E7.5%
A15.8%
D30.8%
B13.5%
C32.4%

● A级(21人)
● B级(18人)
● C级(43人)
● D级(41人)
● E级(10人)

图3　象山县培智学校学生体能情况分析

注：A级表示体能发育水平优于或与实际年龄没有差异，B级表示体能发育水平与实际年龄相比落后25%，C级表示体能发育水平与实际年龄相比落后25%～50%，D级表示体能发育水平与实际年龄相比落后50%～75%，E级表示体能发育水平与实际年龄相比落后75%以上。

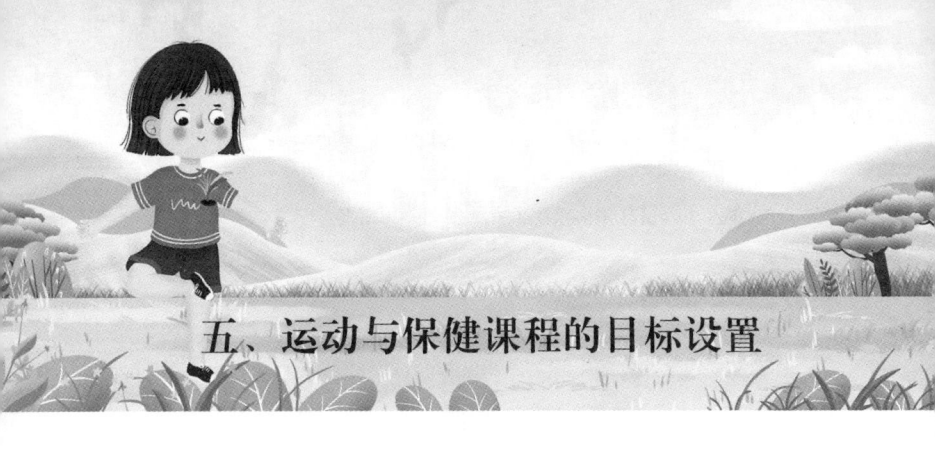

五、运动与保健课程的目标设置

构建课程目标是《课程计划》制订的关键要素。课程目标的确定对课程实施计划有着重要的导向价值和控制价值，是确定课程结构、课程内容以及课程评价的基本依据。本《课程计划》目标制订是基于《课程标准》的课程目标框架结构，依据"健康第一、发展核心素养、学生为中心"课程的理念，分别从运动参与、运动技能、身体健康、心理健康四个目标领域按三个水平等级进行分解学习目标。通过结构化学习目标设计连接课程指导思想与课程理念，进而实现课程目标的诉求。

(一)《课程计划》目标结构图

在运动与保健课程的总目标下，针对运动参与、运动技能、身体健康、心理健康四大领域，根据学生的不同能力水平(即水平一、水平二、水平三)制订具体的学习目标，如图4所示。

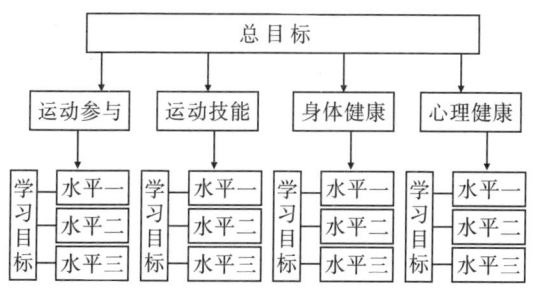

图4 《课程计划》目标结构图

(二)《课程计划》的目标

1. 总目标

通过课程的学习，学生将掌握运动与保健的基础知识、基本技能和方法，发展体能，开发潜能，促进功能康复和补偿；培养参与运动的兴趣和爱好，体验运动的乐趣与成功，逐步养成体育锻炼的好习惯，形成良好的心理品质、合作与交往能力，基本形成健康的生活方式和积极进取、乐观开朗的人生态度，为融入社会打下基础。

2. 分领域目标

运动参与是指学生参与体育运动知识学习及行为的表现，涉及参与体育运动学习和锻炼、体验运动乐趣与成功、学习体育运动知识及安全运动意识。

运动技能是围绕基础动作技能结构，涉及稳定性技能、操作性技能和移动性技能，结合学生三个水平的运动功能特征，按"基础—简易—专门"三个梯度设置运动技能目标。

身体健康是指学生运动与健康相关的知识和能力的水平状态。涉及体能发展、运动保健与安全的知识和方法，以及获得良好体形和身体姿态的能力。

心理健康是指学生自我感觉良好以及社会和谐相处的状态与过程，涉及培养良好的意志品质、学会调控情绪的方法、形成合作意识与能力和具有良好的体育道德。

3. 各领域不同水平的学习目标

按运动参与、运动技能、身体健康、心理健康四个领域目标，分低、中、高三个水平进行设置，具体如表 2~表 5 所示：

表2　运动参与领域三个水平的学习目标

领域	各水平学习目标		
	水平一	水平二	水平三
运动参与	在引导下尝试参与体育活动，体验参与运动的乐趣	正强化下培养参与特奥运动学习和锻炼的主动性	培养学生逐步形成参与特奥体育运动的意识和积极参与的态度
	在引导下了解并遵守课堂常规参与体育活动	通过特奥游戏体验参与特奥运动带来的乐趣与成功	培养学生初步养成积极参与特奥运动的习惯
	在引导下了解参加运动时的安全知识，提高自我保护能力	在引导下了解参与特奥运动训练的安全常识	在引导下初步掌握参加特奥比赛时的安全常识
	在引导下了解各类型运动场地的名称，体验每个场地的活动内容，遵守场地使用规定	在引导下了解特奥运动的场地和器材名称	在引导下初步掌握特奥运动项目的比赛规则和裁判方法

表3　运动技能领域三个水平的学习目标

领域	各水平学习目标		
	水平一	水平二	水平三
运动技能	在引导下通过爬的练习以及与之相关的游戏，体验感知爬的基本动作	通过模仿，学习变换方向、步幅、速度等走的技能和与之相关的游戏，掌握走的技术动作	通过学练变换路径走、变换步幅走、障碍走、复杂路况走，掌握走的技术动作和发展走的能力
	在引导下通过滚的练习以及与之相关的游戏，体验感知滚的基本动作	通过模仿，学习不同姿势起动、急停等变换体位跑的技能以及与之相关的游戏，进一步掌握跑的技术动作	通过学练变速跑、障碍跑、接力跑，掌握跑的技术动作和发展跑的能力
	在引导下通过走的练习以及与之相关的游戏，体验感知走的基本动作	通过模仿，学习连续跳、变换方向跳、跨步跳的技能以及与之相关的游戏，初步掌握跳的技术动作	通过学练单脚交换跳、单脚连续跳、障碍跳、急行跳远，掌握跳的技术动作和发展跳的能力

领域	各水平学习目标		
	水平一	水平二	水平三
运动技能	在引导下通过跑的练习以及与之相关的游戏，体验感知跑的基本动作	通过模仿，学习投豆袋、掷实心球、投垒球、掷滚球的技能以及与之相关的游戏，初步掌握投的技术动作	通过学练上步投豆袋、掷实心球、投垒球、掷滚球，掌握投的技术动作和发展投掷的能力
	在引导下通过跳的练习以及与之相关的游戏，体验感知跳的基本动作	通过模仿，学习拍球、移动运球的技能以及与之相关的游戏初步掌握运球的技术动作	通过学练变换节奏拍球、变向运球、障碍运球，掌握运球的技术动作和发展运球的能力
	在引导下通过投的练习以及与之相关的游戏，体验感知投的基本动作	通过模仿，学习传接球的技能以及与之相关的游戏，初步掌握传接球的技术动作	通过学练跑动传接球，掌握传接球的技术动作和发展传接球能力

领域	各水平学习目标		
	水平一	水平二	水平三
运动技能	在引导下通过拍的练习以及与之相关的游戏，体验感知拍的基本动作	通过模仿，学习原地单双手投篮的技能以及与之相关的游戏，进一步掌握投的技术动作	通过学练行进间投篮、移跳步投篮、进一步掌握投篮技术动作和发展投篮能力
	在引导下通过踢的练习以及与之相关的游戏，体验感知踢的基本动作	通过模仿，学习带球和传球（足球）的技能以及与之相关的游戏，进一步掌握踢球的技术动作	通过学练移动传接球、跑动射门（足球），掌握踢球技术动作和发展踢的能力

表4　身体健康领域三个水平的学习目标

领域	各水平学习目标		
	水平一	水平二	水平三
身体健康	在引导下了解参与运动时的卫生保健知识	通过看、听、触摸学习身体各部位名称；了解与运动相关的常见疾病	学习青春期运动保健知识，掌握特奥运动过程中的保健知识，了解运动对身体的好处，学习保持适当体重的方法

续表

领域	各水平学习目标		
	水平一	水平二	水平三
身体健康	在引导下模仿直体、坐、跪、团身、转体、扩大、窄长、对称、非对称的身体姿势	通过动力和空间元素的改变，学习直体、坐、跪、团身、转体、扩大、窄长、对称、非对称的姿势维持和变化	通过关系变化，学习直体、团身、转体、扩大、窄长、对称、非对称的身体姿势的维持和变化
	在引导下体验心肺耐力的多种练习方法，初步发展学生有氧适能	通过模仿学习心肺耐力的多种练习方法，改善学生有氧适能	通过学练心肺耐力的多种练习方法，提高学生有氧适能
	在引导下体验柔韧性的多种练习方法，初步发展学生柔韧适能	通过模仿学习柔韧性的多种练习方法，改善学生柔韧适能	通过学练柔韧性的多种练习方法，提高学生柔韧适能
	在引导下体验肌肉力量的多种练习方法，初步发展学生肌肉适能	通过模仿学习肌肉力量、肌肉耐力的多种练习方法，改善学生肌肉适能	通过学练肌肉力量、肌肉耐力的多种练习方法，提高学生肌肉适能

续表

领域	各水平学习目标		
	水平一	水平二	水平三
身体健康	在引导下体验身体灵敏度的多种练习方法，初步发展学生灵敏协调能力	通过模仿学习身体灵敏度的多种练习方法，改善学生灵敏协调能力	通过学练身体灵敏度的多种练习方法，提高学生灵敏协调能力
	初步发展学生户外运动的能力	提高学生适应气候变化的能力	增强适应自然环境变化的能力

表5　心理健康领域三个水平的学习目标

领域	各水平学习目标		
	水平一	水平二	水平三
心理健康	在引导下尝试完成简单运动内容的学习，培养学生不怕困难的意志品质	在鼓励下努力完成有一定困难的运动内容学习，培养学生坚持学练的意志品质	提高自主完成特奥内容的学习和训练的能力，培养学生克服困难的意志品质
	在引导下体验运动对情绪的积极影响	在引导下在运动中学习合理调节自己的情绪	培养学生在特奥运动学习中克服困难、保持稳定情绪的能力

续表

领域	各水平学习目标		
	水平一	水平二	水平三
心理健康	在引导下通过运动学习尝试与教师、同伴进行语言等互动沟通	在引导下通过特奥运动中合作配合的多种练习发展与他人交流、沟通互动的能力	在特奥运动学习中培养多人及团队合作意识
	在引导下通过参与运动游戏体会规则意识	在引导下学习遵守参与特奥体育活动的规则	培养学生遵守特奥运动规则,尊重裁判和对手的意识

六、《课程计划》的内容体系设置

　　课程目标决定课程内容。课程内容是课程的核心，是践行教育思想和课程理念、实现课程目标的重要载体。课程内容的构建是课程资源重组的过程。《课程计划》的内容搭建是在学习目标的统领下，依据"人类动作发展理论""拉邦动作分析理论""动作技能分类""特奥运动项目理论"的要素和理论模型，结合学生身心发展的情况和学校教学的生态环境等多维度考量而形成了内容体系。

（一）《课程计划》内容搭建的理论基础

1. 人类动作发展理论

　　动作发展是人类一生动作行为的渐变过程，它包括了对动作控制和动作能力持续适应的过程。加拉休（Gallahue）提出的"沙漏"模型将人类动作发展视作一个非连续的过程，且具有阶段性特征，如图5所示。他还认为真正的沙漏在时间和空间维度均会发生变化，是多维的，具有高度、宽度和深度。"沙漏"模型不仅仅是一个动作发展模型，更是一种动作发育的模型，它受到个人和环境中各种认知等因素的影响。

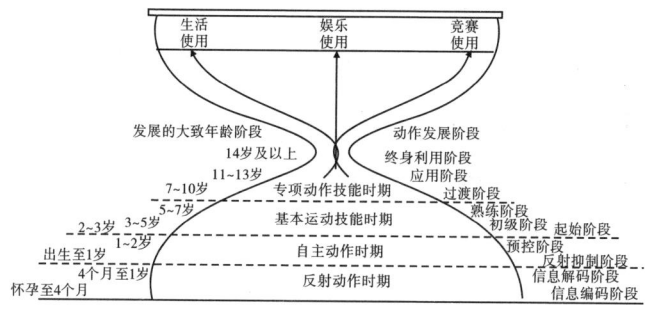

图 5　加拉休（Gallahue）的"沙漏"模型

Grey Payne 提出的人类动作发展"金字塔"模型，描绘了人类动作发展主要经历反射动作阶段、初级动作阶段、基础动作阶段、成熟动作阶段以及特殊动作阶段。2～7 岁是基础动作技能获得的主要阶段，适合发展儿童的稳定性动作技能、自主移动类动作技能以及物体操控类动作技能的时期。该阶段的动作发展是一个从初始期（2～3 岁）到基础期（4～5 岁）再到成熟期（6～7 岁）的连续过程。基础期是动作发展的初始期和成熟期的过渡阶段，成熟的基础动作为后期各个运动项目的习得奠定了坚定的基石。

遗传为儿童获得运动技能提供了先天条件，动作学习和经验为运动技能熟练程度的改善提供了可能。动作技能是身体的一部分或几部分后天习得的、以目标为导向的自发性动作任务或行动。部分人群由于先天或后天的原因而造成动作改变或动作障碍，这也使得适应性的动作训练成为康复和体育教育的基本手段。

2. 动作技能分类

基础动作技能依功能又分为稳定性动作技能、移动性动作技能和物体操控性动作技能三种。以此可组合成稳定性操作技能、移动性操作技能，其中稳定性动作技能是移动性技能的基础。

稳定性动作技能是指个体所具备的能够感知身体部位关系的变化，从而改变一个人的平衡，以及通过适当的补偿动作快速准确地调整这些变化的能力，它是一种使身体保持在垂直或水平方向位置运动的形式。稳定性动作技能本身由易到难可分为轴向动作（如屈、伸、扭、转身、伸够、上举、下放）；垂直支撑动作（如个人技巧、平衡梁技巧）；弹跳动作(如垂直跳技能)和倒立支撑动作(如侧手翻)。

移动性动作技能是指身体以大致水平或垂直方向从一点到另一点所进行的全身运动,如走、跑、双脚跳、单脚跳、连续垫跳步、连续前滑跳步和滑步。根据动作发展的顺序,走的技能出现在跑的技能之前,随后是做出跳跃的基本动作;从跳跃动作来说,双脚跳动作出现的时间比单脚跳早,但单脚跳动作的成熟时间却早于双脚跳;滑步动作虽然比跳跃动作出现得晚,但是却比跳跃动作成熟得早。而连续垫跳步涉及双侧肢体在腾空过程中的对侧协调配合,因此要比双脚立定跳远有难度。

物体操控性动作技能是指身体向物体传递力或身体接受从物体传来的力的粗大动作,如抛、接、踢球、停球、滚球、反弹球、击球等。

基础动作技能之间除了各类别单一动作技能本身之间存在难易程度的差异外,三类基础动作技能之间也存在由稳定性动作技能到移动性动作技能再到物体操控性动作技能难度递增的发展过程,从单一动作技能到组合动作技能,动作技能所涉及的动作元素越多,动作越复杂,完成动作技能所需要的动作能力越高,动作越难。

依据 Gallahue 的移动技能二维分类方法，通过逐渐改变任务的环境背景判断学习者可以达到何种学习效果。这个分类模型为创造《课程计划》内容的组合与变化提供了必要的理论基础，如表 6 所示。

表 6　Gallahue 的移动分类二维模型及实例

动作发展阶段	移动任务的预期功能		
	稳定 （强调稳定状态下和动态移动状态下的身体平衡）	运动 （强调身体从一点到另一点的移动）	控制 （强调给客体施加力或从客体获得力）
反射移动阶段： 胎儿期和婴儿早期无意识皮层控制移动能力	·迷路反射与翻正反射 ·颈翻正反射 ·身体翻正反射	·爬行反射 ·原始性跨步反射 ·游水反射	·手掌抓握反射 ·足底抓握反射
未发育完全的移动阶段： 婴儿期受发育影响的移动能力	·控制头和颈 ·控制躯干 ·无支持下地坐 ·站立	·爬 ·缓慢行走 ·直立的步态	·伸手拿东西 ·抓 ·放

续表

动作发展阶段	移动任务的预期功能		
	稳定 （强调稳定状态下和动态移动状态下的身体平衡）	运动 （强调身体从一点到另一点的移动）	控制 （强调给客体施加力或从客体获得力）
基本移动阶段： 儿童期的基本移动能力	·单足平衡 ·低横木上行走 ·轴向移动	·走路 ·跑 ·跳跃 ·蹦跳	·投掷 ·拦击 ·踢 ·击打
特殊移动阶段： 儿童后期及之后的复杂技能	·体操中常规平衡表现 ·足球中的防守进球	·径赛中的百米或跨栏 ·在拥挤的大街上行走	·足球中的进球 ·击传来的球

资料来源：Richard A. Magill 著，张忠秋等译. 运动技能学习与控制，7 版[M]. 北京：中国轻工业出版社，2006.

3. 拉邦动作分析理论

拉邦动作分析理论从身体、动力、空间、关系四个维度描述人类的动作，将一系列身体动作拆解成动作元素，为我们提供了科学、系统的方法来构建课程内容。从"身体"元素出发，我们要考虑身体形态、涉及的身体部位；从"动力"元素出发，要考虑时间快慢、力量强弱以及是否有限制；从"空间"元素出发，要考虑范围、伸展、方向、水平、路线等；从"关系"元素出发，要考虑参与对象、组织形式、行动路线等。本《课程计划》内容的选择，深入参考并融合了拉邦动作分析理论。

4. 特奥运动项目理论

特殊奥林匹克运动为智障人士参与日常奥林匹克体育训练及竞赛创造条件和机会，使他们发挥潜能、勇敢表现，在参与时与其他运动员、家人和社区成员分享快乐、交流技艺并增进友谊。特殊奥林匹克项目设有 30 余项正式比赛项目，分为夏季比赛项目、冬季比赛项目、非竞赛性的活动项目以及健身项目。夏季比赛项目有田径运动、篮球、排球、滚球等，冬季比赛项目有雪鞋、越野滑雪、花样滑冰等。同时，为满足所有能力级别的运动员能够参与特奥运动，按运动能力划分又设置了机能训练计划、个人赛、常规赛、融合比赛四个能力级别的竞赛形式，并与所有竞赛项目结合。这样纵横交错的结构设计让所有能力级别的运动员都可以找到适合个人的训练活动内容。同时，为课程内容资源融入培智学校运动与保健课程提供了循证实践支持。

　　"人类动作发展理论""拉邦动作分析理论""动作技能分类""特奥运动项目理论"即是构建运动与保健课程内容的理论基础,也是课程内容系统重要的"资源库"。针对三个水平学习目标搭建的课程计划内容是源于"资源库"内容要素的结构化组合。

(二)各领域不同水平的学习目标与课程内容

　　运动参与领域三个水平的学习目标与课程内容如表 7 所示。

表 7　运动参与领域三个水平的学习目标与课程内容

水平	学习目标	课程内容
水平一	在引导下尝试参与体育活动,体验参与运动的乐趣	对体育活动产生兴趣,能在有趣的活动情境中参与运动
		在正强化鼓励下,尝试接触多种体育活动,有 1~2 种感兴趣的体育活动,并从中建立自信心
	在引导下了解并遵守课堂常规参与体育活动	遵循课堂常规,专注地进行体育活动
		理解并听从教师常规指令,能遵照执行"集合、准备活动、技术练习、开始、结束、纪律维持"等指令的要求

水平	学习目标	课程内容
水平一	在引导下了解参加运动时的安全知识，提高自我保护能力	在视觉支持下，了解不适合体育运动的身体状况、场地设备信息，不进行不安全的体育运动，具备运动安全意识
		在模拟情境中，培养遇到紧急情况时向他人寻求帮助的安全意识
		知道体育活动时的安全注意事项，爱护身体，会做简单的热身和放松活动
		在引导下，和同伴共同进行体育活动，不干扰他人正常的体育活动，做到互相不影响
	在引导下了解各类型运动场地的名称，体验每个场地的活动内容，遵守场地使用规定	了解学校常用的运动场地名称，如操场、体育馆、篮球场、足球场等
		体验多样运动场地的不同活动，能根据运动项目选择合适的运动场地
水平二	正强化下培养参与特奥运动学习和锻炼的主动性	在正向激励体系下，形成对特奥运动运动的兴趣，能主动向同学、家人展示学会的特奥运动动作
		定期参加特奥运动锻炼，记录照片并和同伴进行分享

水平	学习目标	课程内容
水平二	通过特奥游戏体验参与特奥运动带来的乐趣与成功	参与多种特奥游戏运动,在学习新项目中体验特奥运动中的乐趣
		参与特奥游戏比赛,在团队合作、比赛胜利的过程中,体验特奥运动的成功喜悦
	在引导下了解参与特奥运动训练的安全常识	利用视觉支持,学习特奥运动项目对应的安全知识
		爱护身体,在特奥运动训练时带好对应护具,减少运动伤害
		做好特奥运动训练时的自我监护,当身体出现疼痛、心跳过速等信号时,及时停止运动,保障自身安全
	在引导下了解特奥运动的场地和器材名称	通过实地参观、多媒体学习,了解特奥运动场地的名称,并能简要描述田径场、篮球场、游泳池等场地的主要运动名称
		遵守特奥运动场地的使用规则,维护场地的良好使用秩序
		认识起跑器、接力棒、步行架、特殊座椅等特奥运动器材,并能根据需要使用它们

水平	学习目标	课程内容
水平三	培养学生逐步形成参与特奥体育运动的意识和积极参与的态度	正强化下，积极表达对特奥运动的看法，在讨论会、主题活动、绘画展中表达，并直观感受特奥运动的魅力和意义
		主动了解特奥体育运动资讯，观看特奥比赛、了解特奥运动员的事迹等，形成积极的参与态度
	培养学生初步养成积极参与特奥运动的习惯	学习著名特奥运动员的经验，知道如何规划锻炼计划、选择适合的特奥项目
		参加学校特奥兴趣小组、和家人共同进行特奥运动，把特奥运动习惯融入日常生活
	在引导下初步掌握参加特奥比赛时的安全常识	在特奥比赛时有自我保护的意识，当身体不适或不确定安全性时及时叫停比赛，并向教练汇报
		认识特奥比赛场地中的危险标识，远离故障设施设备
	在引导下初步掌握特奥运动项目的比赛规则和裁判方法	通过应急演练，学会几种特奥比赛受伤后的应急处理方法，并能及时寻找场内医疗救助、拨打急救电话
		视觉支持下，学习得分方式、犯规界定等特奥项目比赛规则，在比赛中自觉遵守规则

水平	学习目标	课程内容
水平三	在引导下初步掌握特奥运动项目的比赛规则和裁判方法	尊重裁判的判决，了解公平竞争的特奥体育精神
		通过担当助理裁判等实践活动，加深对特奥运动裁判方法的理解，提升判断力和责任感

  运动技能领域三个水平的学习目标与课程内容如表8所示。

表8 运动技能领域三个水平的学习目标与课程内容

水平	学习目标	课程内容
水平一	在引导下通过爬的练习以及与之相关的游戏体验感知爬的基本动作	四点爬
		熊爬
		匍匐爬
		*倒爬
	在引导下通过滚的练习以及与之相关的游戏体验感知滚的基本动作	斜坡直体翻滚
		直体翻滚
		斜坡团身滚
		团身滚
		斜坡滚翻
		*滚翻
	在引导下通过走的练习以及与之相关的游戏体验感知走的基本动作	向前走
		后退走
		高低重心走
		提踵走
		曲线走
		*快速大步走

续表

水平	学习目标	课程内容
水平一	在引导下通过跑的练习以及与之相关的游戏体验感知跑的基本动作	原地跑
		小步跑
		倒退跑
		向左/右跑
		快速跑
	在引导下通过跳的练习以及与之相关的游戏体验感知跳的基本动作	双脚跳
		连续双脚跳
		向上/向下跳
		开合跳
	在引导下通过投的练习以及与之相关的游戏体验感知投的基本动作	双手抛接豆袋
		单手抛接豆袋
		双手抛接皮球
		单手抛接皮球
		双手投掷垒球
		单手投掷垒球
	在引导下通过拍的练习以及与之相关的游戏体验感知拍的基本动作	双手原地拍球
		双手移动拍球
		单手原地拍球
		*单手移动拍球
	在引导下通过踢的练习以及与之相关的游戏体验感知踢的基本动作	脚内侧踢沙袋
		脚背踢
		踢悬垂沙袋
		左右脚踢
		踢静止球

续表

水平	学习目标	课程内容
水平二	通过模仿，学习变换方向、步幅、速度等走的技能和与之相关的游戏，掌握走的技术动作	50 米直线走
		50 米大步走
		50 米变向走
		50 米变速走
	通过模仿，学习不同姿势起动、急停等变换体位跑的技能以及与之相关的游戏，进一步掌握跑的技术动作	50 米直线跑
		50 米大步跑
		50 米冲刺跑
		50 米变向跑
		50 米折返跑
	通过模仿，学习连续跳、变换方向跳、跨步跳的技能以及与之相关的游戏，初步掌握跳的技术动作	连续双脚跳
		立定跳
		小马跳
		变向滑步
		跨步跳
	通过模仿，学习投豆袋、掷实心球、投垒球、掷滚球的技能以及与之相关的游戏，初步掌握投的技术动作	原地侧向投豆袋
		原地侧向目标投豆袋
		原地侧向投垒球
		原地侧向目标投垒球
		双手向前/向后抛实心球
		双手头上抛实心球
		＊正面双手掷滚球、旱地冰壶
	通过模仿，学习拍球、移动运球的技能以及与之相关的游戏，初步掌握运球的技术动作	原地双手交替运球
		变换节奏运球（高低位）
		12 米直线运球
		12 米障碍运球

水平	学习目标	课程内容
水平二	通过模仿，学习传接球的技能以及与之相关的游戏，初步掌握传接球的技术动作	目标双手胸前传球
		目标双手反弹传球
		目标双手头顶传球
		双手接胸前高度球
		双手接反弹球
		双手接头部高度球
		目标单手肩上传球
		目标单手肩下传球
	通过模仿，学习原地单双手投篮的技能以及与之相关的游戏，进一步掌握投的技术动作	原地双手胸前投篮
		原地单手肩上投篮
		移步双手投篮
		移步单手投篮
		打板投篮
	通过模仿，学习带球和传球（足球）的技能以及与之相关的游戏，进一步掌握踢球的技术动作	目标传球
		停球
		停球后目标传球
		直线带球
		＊颠球
水平三	通过学练变换路径走、变换步幅走、障碍走、复杂路况走，掌握走的技术动作和发展走的能力	100 米直线走
		100 米变换步幅走
		100 米障碍走
		100 米复杂路况走

续表

水平	学习目标	课程内容
水平三	通过学练变速跑、障碍跑、接力跑，掌握跑的技术动作和发展跑的能力	100 米直线跑
		100 米变速跑
		100 米障碍跑
		100 米接力跑
		＊越野跑
	通过学练单脚交换跳、单脚连续跳、障碍跳、急行跳远，掌握跳的技术动作和发展跳的能力	单脚跳
		单脚交替跳
		单脚之字跳
		跑动单脚起跳
		跨步跳
		障碍跳
		＊急行跳远
	通过学练上步投豆袋、掷实心球、投垒球、掷滚球，掌握投的技术动作和发展投掷的能力	上步投豆袋
		上步投垒球
		上步掷实心球
		半程助跑投（沙包、垒球、实心球……）
		＊掷滚球
		＊掷旱地冰壶
	通过学练变换节奏拍球、变向运球、障碍运球，掌握运球的技术动作和发展运球的能力	快速运球
		变向运球
		胯下运球
		障碍运球

续表

水平	学习目标	课程内容
水平三	通过学练跑动传接球，掌握传接球的技术动作和发展传接球能力	移动双手胸前传球
		移动反弹传球
		移动头顶传球
		移动接胸前高度球
		移动接反弹球
		移动接头部高度球
		移动单手传球
	通过学练行进间投篮、移跳步投篮、进一步掌握投篮技术动作和发展投篮能力	移动单手低手投篮
		移动单手肩上投篮
		移动跳步双手投篮
		移动跳步单手投篮
		2 分线线外投球
		3 分线线外投球
	通过学练移动传接球、跑动射门（足球），掌握踢球技术动作和发展踢的能力	跑动射门
		跑动四向射门
		原地踢反弹球
		上步踢反弹球
		＊跑动踢反弹球
		＊跑动接地滚球
		＊跑动接反弹球

　　注：＊表示选择性内容。

　　身体健康领域三个水平的学习目标与课程内容如下页表 9 所示。

表9　身体健康领域三个水平的学习目标与课程内容

水平	学习目标	课程内容
水平一	在引导下了解参与运动时的卫生保健知识	运动后在引导下参与洗手
		视觉提示下学习参与运动时营养物品的选择
		视觉提示下运动后适量饮水
		视觉提示下了解用眼卫生
	在引导下模仿直体、坐、跪、团身、转体、扩大、窄长、对称、非对称的身体姿势	视觉提示下了解运动前要热身
		在引导下模仿垫上直体姿势
		在引导下模仿垫上坐姿
		在引导下模仿垫上跪姿
		在引导下模仿垫上团身的姿势
		在引导下模仿垫上转体姿势
		在引导下模仿垫上扩大的身体姿势
		在引导下模仿垫上窄长的身体姿势
		在引导下模仿垫上对称的身体姿势
		在引导下模仿垫上非对称的身体姿势
		在引导下模仿站立直体姿势
		在引导下模仿团身的身体姿势
		在引导下模仿坐姿
		在引导下模仿站立转体姿势
		在引导下模仿站立扩大的身体姿势
		在引导下模仿站立窄长的身体姿势
		在引导下模仿站立对称的身体姿势
		在引导下模仿站立非对称的身体姿势

续表

水平	学习目标	课程内容
水平一	在引导下体验心肺耐力的多种练习方法，初步发展学生有氧适能	走跑交替
		持续慢跑
	在引导下体验柔韧性的多种练习方法，初步发展学生柔韧适能	静态拉伸头颈
		静态拉伸肩部
		静态拉伸胸背
		静态拉伸上肢
		静态拉伸下肢
	在引导下体验肌肉力量的多种练习方法，初步发展学生肌肉适能	上肢力量，如冲拳、扶墙俯卧撑等
		核心力量，如臀桥、仰卧摆腿等
		下肢力量，如扶物抬腿、半蹲起、提踵等
	在引导下体验身体灵敏性的多种练习方法，初步发展学生灵敏协调能力	标志变换走
		跳房子
		上下肢同步联动
	初步发展学生户外运动的能力	在引导下参与户外徒步、爬山等活动

续表

水平	学习目标	课程内容
水平二	通过看、听、触摸学习身体各部位名称；与运动相关的常见疾病	视觉提示下学习身体各部位名称
		学习与运动相关的常见疾病，如扭伤、擦伤、摔伤等
	通过动力和空间元素的改变，学习直体、坐、跪、团身、转体、扩大、窄长、对称、非对称的姿势维持和变化	学习直体姿势路线、方向、水平的变换
		学习坐站姿势变换
		学习跪姿及交替变化
		学习抱膝团身—直体姿势转换
		学习转体幅度和力量的控制
		学习扩大的伸展、速度、自由与限制的变化
		学习窄长的伸展、速度、自由与限制的变化
		学习对称的伸展、速度、自由与限制的变化
		学习非对称的伸展、速度、自由与限制的变化
	通过模仿学习心肺耐力的多种练习方法，改善学生有氧适能	开合跳
		变速跑
		折返跑
	通过模仿学习柔韧性的多种练习方法，改善学生柔韧适能	动态拉伸头颈（唐氏综合征学生慎用）
		动态拉伸肩部
		动态拉伸胸背
		动态拉伸上肢
		动态拉伸下肢

培智学校运动与保健课程实施计划

水平	学习目标	课程内容
水平二	通过模仿学习肌肉力量、肌肉耐力的多种练习方法，改善学生肌肉适能	上肢力量，如手持重物冲拳、坐姿推球、悬吊等
		核心力量，如跪姿腹桥、卷腹等
		下肢力量，如连续半蹲走、连续半蹲双脚跳等
	通过模仿学习身体灵敏性的多种练习方法，改善学生灵敏协调能力	障碍变换走
		双脚变换方向跳房子
		跪姿交叉四肢同步联动
	提高学生适应气候变化的能力	学习不同季节、气候变化时参加户外运动的方法
		知道根据季节增减衣物
		知道运动出汗后及时增减衣物
水平三	学习青春期运动保健知识，掌握特奥运动过程中的保健知识，了解运动对身体的好处，学习保持适当体重的方法	学习青春期运动保健知识，如加强营养补充、每日适当身体锻炼、早睡早起的健康生活习惯等
		学习特奥运动中的保健知识，如运动前热身、运动时选择合适的着装、擦伤扭伤等简单处理方法等
		了解持续运动是保持适当体重的有效方法
		了解适当饮食是控制体重的有效方法
		了解充足睡眠有助于保持适当体重
		在音乐伴随下，自由变换各种身体姿势

水平	学习目标	课程内容
水平三	通过关系变化，学习直体、团身、转体、扩大、窄长、对称、非对称的身体姿势的维持和变化	在音乐伴随下，跟随变换各种身体姿势
		在音乐伴随下，分组形式变换各种身体姿势
	通过学练心肺耐力的多种练习方法，提高学生有氧适能	跳绳
		骑自行车
		波比跳
		越野跑
	通过学练柔韧性的多种练习方法，提高学生柔韧适能	结合田径项目提高身体柔韧性
		结合篮球项目提高身体柔韧性
		结合足球项目提高身体柔韧性
	通过学练肌肉力量、肌肉耐力的多种练习方法，提高学生肌肉适能	上肢力量，如爬杆、悬挂云梯、弹力带练习等
		核心力量，如平板支撑、俯趴对侧交替抬手抬脚、静态燕式平衡等
		下肢力量，如摸高、两级蛙跳等。
	通过学练身体灵敏性的多种练习方法，提高学生灵敏协调能力	障碍变换走俯身拾物
		单脚变换方向跳房子
		原地转体跳
		双人绑气球互踩、躲闪

续表

水平	学习目标	课程内容
水平三	增强适应自然环境变化的能力	学习根据环境变化选择场地进行适宜运动的方法，如遇雨天，改为室内场地活动等

心理健康领域三个水平的学习目标与课程内容如表 10 所示。

表 10　心理健康领域三个水平的学习目标与课程内容

水平	学习目标	课程内容
水平一	在引导下尝试完成简单内容的学习，培养学生不怕困难的意志品质	愿意模仿，通过动作分解完成简单的挑战
		通过正向强化激励学生完成简单难度的挑战
	在引导下体验运动对情绪的积极影响	运动中保持较稳定的情绪
		利用代币将运动与愉快的心情建立联结
	在引导下通过运动学习尝试与教师、同伴进行语言等互动沟通	运动前互相问好
		运动后互相道别
		运动前后用握手、拥抱等方式表示友好
		提示下用适当的动作或语言为他人加油
		提示下用适当的动作或语言表达参与的意愿

续表

水平	学习目标	课程内容
水平一	在引导下通过参与游戏体会规则意识	在游戏开始前能安静等待
		轮流完成任务、传递器材
		能遵守开始、停止等游戏指令
		会分享运动器材给他人
水平二	在鼓励下努力完成有一定困难的特奥内容学习，培养学生坚持学练的意志品质	愿意参加较长时间的体育运动，通过重复练习完成一定难度的挑战
		通过社会性强化激励学生完成一定难度的挑战
		愿意继续挑战失败的项目
	引导下在特奥运动中学习合理调节自己的情绪	在正向强化下调节情绪
		在正向强化下体会运动所带来的愉快
		用适当的动作或语言表达运动所带来的愉快
	在引导下通过特奥运动中合作配合的多种练习发展与他人交流、沟通互动的能力	主动用适当的动作或语言互相鼓励，提供正面反馈
		主动用适当的动作或语言表达参与的意愿
		主动用适当的动作或语言表达体育活动中的友好
	在引导下学习遵守参与特奥体育活动的规则	视觉支持下理解特奥体育活动的规则
		利用奖惩机制引导学生遵守参与特奥体育活动的规则

水平	学习目标	课程内容
水平三	提高自主完成特奥内容的学习和训练的能力，培养学生克服困难的意志品质	主动选择有挑战的体育活动
		在练习和比赛中遇到困难时坚持尝试和努力
	培养学生在特奥运动学习中克服困难、保持稳定情绪的能力	采用自我激励的方法控制不稳定的情绪
		与他人谈论运动所带来的愉快
	在特奥运动学习中培养多人及团队合作意识	树立集体荣誉感
		与同伴沟通以协同完成任务，如"我要传球了，你快接"
	培养学生遵守特奥运动规则，尊重裁判和对手的意识	以成果激励学生遵守特奥运动规则
		在不同练习、运动场地都能遵守特奥运动规则
		尊重裁判的判决，服从比赛结果
		尊重对手，无论输赢始终保持友好

七、《课程计划》教学内容的学年安排

　　教学内容的学年安排是围绕目标体系和课程内容做出的高度结构化的进阶设置。使学生在设计好学习任务和情景中积累经验，学习运动健身锻炼常识、掌握运动技能、发展体能，实现促进身体健康和提升核心素养的教育目标。

　　教学内容的学年安排基于象山县培智学校的体育文化、传统项目、师资配备、场地器材等实际情况，并结合我校学生基础运动能力水平为参照，对身体健康之姿态及体能、运动技能领域的课程内容进行了学年进阶划分。充分体现了《课程计划》的校本特色，如下页表11，表12所示。

表11　运动与保健课程内容学年安排

运动技能	内容条目	水平一			水平二			水平三		
		一年级	二年级	三年级	四年级	五年级	六年级	七年级	八年级	九年级
爬	四点爬	√								
	熊爬	√								
	匍匐爬		√	√						
	＊倒爬		√	√						
滚	斜坡直体翻滚	√								
	直体翻滚		√							
	斜坡团身滚			√						
	团身滚			√						
	斜坡滚翻			√						
	＊滚翻			√						
走	向前走	√								
	后退走		√	√						
	高低重心走		√	√						
	提踵走		√	√						
	曲线走			√						
	＊快速大步走			√						
	50米直线走				√					
	50米大步走				√					
	50米变向走					√				
	50米变速走						√			
	100米直线走							√		
	100米变换步幅走								√	
	100米障碍走								√	√
	100米复杂路况走									√

续表

运动技能	内容条目	水平一			水平二			水平三		
		一年级	二年级	三年级	四年级	五年级	六年级	七年级	八年级	九年级
跑	原地跑	√	√							
	小步跑		√	√						
	倒退跑			√						
	向左/右跑		√	√						
	快速跑			√						
	50米直线跑				√					
	50米大步跑					√				
	50米冲刺跑						√			
	50米变向跑					√	√			
	50米折返跑					√	√			
	100米直线跑							√		
	100米变速跑							√	√	
	100米障碍跑								√	√
	100米接力跑									√
	*越野跑									√
跳	双脚跳	√								
	连续双脚跳		√	√						
	向上/向下跳		√							
	开合跳			√						
	连续双脚跳				√					
	立定跳					√	√			
	小马跳					√	√			
	变向滑步					√				
	跨步跳						√			
	单脚跳							√		

运动技能	内容条目	水平一			水平二			水平三		
		一年级	二年级	三年级	四年级	五年级	六年级	七年级	八年级	九年级
跳	单脚交替跳							√	√	
	单脚之字跳							√	√	
	跑动单脚起跳							√		
	跨步跳							√	√	
	障碍跳							√	√	
	＊急行跳远									√
投	双手抛接豆袋	√								
	单手抛接豆袋		√							
	双手抛接皮球	√								
	单手抛接皮球		√	√						
	双手投掷垒球	√								
	单手投掷垒球		√	√						
	原地侧向投豆袋				√					
	原地侧向目标投豆袋				√					
	原地侧向投垒球					√				
	原地侧向目标投垒球					√				
	双手向前/向后抛实心球						√			
	双手头上抛实心球						√			
	＊正面双手掷滚球、旱地冰壶						√			
	上步投豆袋							√		
	上步投垒球							√	√	
	上步掷实心球								√	√

运动技能	内容条目	水平一			水平二			水平三		
		一年级	二年级	三年级	四年级	五年级	六年级	七年级	八年级	九年级
投	半程助跑投(沙包、垒球、实心球……)								√	√
	*掷滚球								√	√
	*掷旱地冰壶									√
拍	双手原地拍球	√	√							
	双手移动拍球		√	√						
	单手原地拍球		√	√						
	*单手移动拍球			√						
	原地双手交替运球				√					
	变换节奏运球(高低位)				√					
	12米直线运球					√				
	12米障碍运球						√			
	快速运球							√		
	变向运球								√	
	胯下运球									√
	障碍运球									√
传球	目标双手胸前传球				√					
	目标双手反弹传球					√				
	目标双手头顶传球				√	√	√			
	双手接胸前高度球					√	√			
	双手接反弹球					√				
	双手接头部高度球					√	√			
	目标单手肩上传球				√	√				
	目标单手肩下传球				√	√				
	目标传球						√			

续表

运动技能	内容条目	水平一			水平二			水平三		
		一年级	二年级	三年级	四年级	五年级	六年级	七年级	八年级	九年级
传球	移动双手胸前传球							√		
	移动反弹传球							√		
	移动头顶传球							√	√	
	移动接胸前高度球								√	√
	移动接反弹球								√	√
	移动接头部高度球								√	√
	移动单手传球									√
投篮	原地双手胸前投篮				√					
	原地单手肩上投篮				√	√				
	移步双手投篮					√	√			
	移步单手投篮						√			
	打板投篮						√			
	移动单手低手投篮							√		
	移动单手肩上投篮							√		
	移动跳步双手投篮								√	
	移动跳步单手投篮								√	
	2分线线外投球									√
	3分线线外投球									√
踢	脚内侧踢沙袋	√								
	脚背踢	√								
	踢悬垂沙袋		√							
	左右脚踢		√	√						
	踢静止球			√						
	停球				√					
	停球后目标传球					√				
	直线带球						√			

续表

运动技能	内容条目	水平一			水平二			水平三		
		一年级	二年级	三年级	四年级	五年级	六年级	七年级	八年级	九年级
踢	＊颠球						√			
	跑动射门							√		
	跑动四向射门							√		
	原地踢反弹球								√	
	上步踢反弹球								√	
	＊跑动踢反弹球									√
	＊跑动接地滚球									√
	＊跑动接反弹球									√

注：＊表示选择性内容。

表12 身体健康课程内容学年安排

身体健康	内容条目	水平一			水平二			水平三		
		一年级	二年级	三年级	四年级	五年级	六年级	七年级	八年级	九年级
姿势维持和变化	在引导下模仿垫上直体姿势	√								
	在引导下模仿垫上坐姿	√								
	在引导下模仿垫上跪姿	√								
	在引导下模仿垫上团身的姿势	√	√							
	在引导下模仿垫上转体姿势	√	√							

身体健康	内容条目	水平一			水平二			水平三		
		一年级	二年级	三年级	四年级	五年级	六年级	七年级	八年级	九年级
姿势维持和变化	在引导下模仿垫上扩大的身体姿势	√	√							
	在引导下模仿垫上窄长的身体姿势	√	√							
	在引导下模仿垫上对称的身体姿势		√	√						
	在引导下模仿垫上非对称的身体姿势		√	√						
	在引导下模仿站立直体姿势		√	√						
	在引导下模仿团身的身体姿势		√	√						
	在引导下模仿坐姿		√	√						
	在引导下模仿站立转体姿势			√						
	在引导下模仿站立扩大的身体姿势			√						
	在引导下模仿站立窄长的身体姿势			√						
	在引导下模仿站立对称的身体姿势			√						
	在引导下模仿站立非对称的身体姿势			√						
	学习直体姿势路线、方向、水平的变换				√					

身体健康	内容条目	水平一			水平二			水平三		
		一年级	二年级	三年级	四年级	五年级	六年级	七年级	八年级	九年级
姿势维持和变化	学习坐站姿势变换				√					
	学习跪姿及交替变化				√					
	学习抱膝团身—直体姿势转换				√	√				
	学习转体幅度和力量的控制				√	√				
	学习扩大的伸展、速度、自由与限制的变化					√	√			
	学习窄长的伸展、速度、自由与限制的变化					√	√			
	学习对称的伸展、速度、自由与限制的变化						√			
	学习非对称的伸展、速度、自由与限制的变化						√			
	跪姿交叉四肢同步联动							√		
	在音乐伴随下，自由变换各种身体姿势							√	√	
	在音乐伴随下，跟随变换各种身体姿势								√	√
	在音乐伴随下，分组形式变换各种身体姿势									√
心肺耐力	走跑交替	√	√							
	持续慢跑		√	√						
	开合跳				√					
	变速跑				√	√	√			

身体健康	内容条目	水平一			水平二			水平三		
		一年级	二年级	三年级	四年级	五年级	六年级	七年级	八年级	九年级
心肺耐力	折返跑					√	√	√		
	跳绳							√		
	骑自行车							√	√	√
	波比跳								√	√
	越野跑									√
柔韧性	静态拉伸头颈	√								
	静态拉伸肩部	√	√							
	静态拉伸胸背	√	√	√						
	静态拉伸上肢		√	√						
	静态拉伸下肢			√						
	动态拉伸头颈（唐氏综合征学生慎用）				√					
	动态拉伸肩部				√	√				
	动态拉伸胸背				√					
	动态拉伸上肢					√				
	动态拉伸下肢					√				
	结合田径项目提高身体柔韧性							√		
	结合篮球项目提高身体柔韧性								√	
	结合足球项目提高身体柔韧性									√
肌肉力量	上肢力量，如冲拳、扶墙俯卧撑等	√								
	核心力量，如臀桥、仰卧摆腿等	√	√	√						

续表

身体健康	内容条目	水平一			水平二			水平三		
		一年级	二年级	三年级	四年级	五年级	六年级	七年级	八年级	九年级
肌肉力量	下肢力量,如扶物抬腿、半蹲起、提踵等			√						
	上肢力量,如手持重物冲拳、坐姿推球、悬吊等				√					
	核心力量,如跪姿腹桥、卷腹等				√	√	√			
	下肢力量,如连续半蹲走、连续半蹲双脚跳等					√	√			
	上肢力量,如爬杆、悬挂云梯、弹力带练习等							√		
	核心力量,如平板支撑、俯卧对侧交替抬手抬脚、静态燕式平衡等							√	√	√
	下肢力量,如摸高、两级蛙跳等								√	√
灵敏性	标志变换走	√								
	跳房子	√	√							
	上下肢同步联动			√						
	障碍变换走				√	√				

身体健康	内容条目	水平一			水平二			水平三		
		一年级	二年级	三年级	四年级	五年级	六年级	七年级	八年级	九年级
灵敏性	双脚变换方向跳房子					√	√			
	障碍变换走俯身拾物							√		
	单脚变换方向跳房子							√	√	
	原地转体跳								√	√
	双人绑气球互踩、躲闪									√

八、《课程计划》的实施与策略

（一）《课程计划》的实施模式

《课程计划》的实施由学年计划、评估、教案/IEP、教法/策略、评价几个核心结构要素组成，如下页图 6 所示。这是基于适应体育 PAP－TE－CA 模式在学校课程教学情景下的调整应用。强调身体姿势、基础动作技能和体能的评估和教学计划（包含 IEP）的制订及根据学生能力发展变化后的不断修订。《课程计划》的实施策略强调连续性和辐射性的过程。执行实施策略的关键因素在于教师的岗位胜任能力和职业素养。

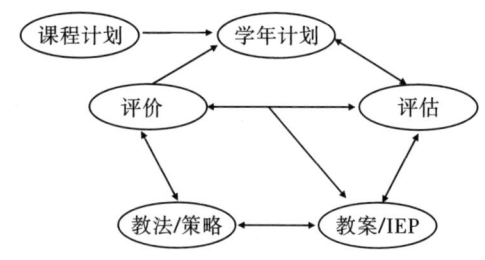

图6 课程计划实施结构要素

1. 学年计划的制订

制订学年计划是实施教学的起点。需要教师依照课程计划并结合对教学环境和学情分析的基础上设置学段的教学目标、选择教学内容，设计教学过程和教学评价方式。学年计划的指向对象是年级、班级和 IEP 三个部分。通常在每学期开始前就规划好整个学期的教学目标。这些目标可以设定为整个班级的共同目标，也可以细化到每个学生的个人目标。在选择教学目标时，要考虑学期的实际时长、教师教学经验、学生的学习能力，确定进阶强化与推进的目标结构。教师需要在既定目标的基础上，准备和调试相应的活动内容和活动场地设备，以满足学生多样性和差异性的学习需要。学年计划工作是教学的起点，它为整个教学过程提供了方向和指引。

表 13 《运动与保健》课程学期目标规划表示例

三 班级 2023 学年 第一学期 王 老师

领域	长期教学目标	班级学生目标									建议主题 (单元)名称
		郑 ※	陈 ※	胡 ※	沙 ※	俞 ※	林 ※	董 ※	鲍 ※	…	
运动参与	在引导下了解各类型运动场地的名称,体验每个场地的活动内容,遵守场地使用规定	√			√	√		√	√		
运动技能	在引导下通过走的练习以及与之相关的游戏体验感知走的基本动作		√	√	√	√	√	√			小司机倒车、 火灾救援、 保卫稻草人、 篮球小子
	在引导下通过跑的练习以及与之相关的游戏体验感知跑的基本动作	√	√	√	√	√		√	√		
	在引导下通过投的练习以及与之相关的游戏体验感知投的基本动作	√	√	√	√	√		√			
	在引导下通过拍的练习以及与之相关的游戏体验感知拍的基本动作	√	√	√	√	√	√	√			

领域	长期教学目标	班级学生目标									建议主题（单元）名称
		郑※	陈※	胡※	沙※	俞※	林※	董※	鲍※	…	
身体健康	在引导下体验心肺耐力的多种练习方法，初步发展学生有氧适能	√	√	√	√	√					小司机倒车、火灾救援、保卫稻草人、篮球小子
	在引导下体验柔韧性的多种练习方法，初步发展学生柔韧适能	√	√	√	√	√	√		√		
心理健康	在引导下通过参与游戏体会规则意识	√	√	√			√	√			

注：

（1）一学期可以考虑 4 个以上单元。

（2）班级学生目标一栏通过打"√"的方式表示该生 IEP 的长期目标。

（3）根据长期目标的内容，确定教学主题（单元）。

表14　教学内容及目标匹配表示例

第三单元：保卫稻草人											
月份	长期教学目标	课程内容	学生内容调整								
			郑※	陈※	胡※	沙※	俞※	林※	董※	鲍※	…
十一月	在引导下了解各类型运动场地的名称，体验每个场地的活动内容，遵守场地使用规定	了解学校常用的运动场地名称，如操场、体育馆、篮球场、足球场等	器材室取器材	●	●	区辨投掷区	区辨投掷区	●	区辨投掷区	认识操场内圈	
	在引导下通过投的练习以及与之相关的游戏体验感知投的基本动作	单手抛接皮球	自抛自接	●	●	●	●	单手前抛	●	双手气球	
		单手投掷垒球	上步投	●	●	●	●	投沙包	投沙包	前抛	
	在引导下体验柔韧性的多种练习方法，初步发展学生柔韧适能	静态拉伸肩部	●	●	●	●	●	●	●	支撑	
		静态拉伸上肢	●	●	●	仰卧位	●	对拉	仰卧位	对拉	
	在引导下通过参与游戏体会规则意识	轮流完成任务、传递器材；能遵守开始、停止等游戏指令	组织	发号	分发器材	●	●	表情提示	手势提示	接受他人	

　　注："学生内容调整"一栏中，有文字说明的表示在同一课程内容下根据学生能力进行了个别化调整；●表示没有特殊调整。

2. 评估

评估是建立学生运动健康管理档案和确定课程教学目标基线的依据，是课程实施过程的关键性行为。定期采用标准化测试工具和调查问卷对学生的动作发育熟练度水平、体能状况进行年度监测，评估学生的动作技能发展和身体健康改善状态以及对生态环境的适应性，采用运动能力增量评估确定学期课程教学目标的基线和评价学生课程学习进步情况。评价是基于对定期目标的检验，从而保障教学目标制订的有效性。评估是一个动态循环往复的过程。

3. 教案/IEP

教案/IEP 是在评估结果的基础上，对班级或个人（IEP）制订的课程学习的合理化设计。教案中要明确课程教学目标、选择适切学习内容、合理的时间分配以及运动负荷及运动频率、组织教学的方法，包括对活动环境的控制及如何激发学生与环境的互动，从而达到最佳的活动效果。教案中还要考虑到学生能力分层分组安置和助教的任务安排。分组的原则要建立在同质性的基础上，通过这种安置帮助学生建立自信、培养独立行为的能力。课程教学强调教案设计和安置的一体化，二者在教育教学实践领域中是不可分割的。课程教案示例如下页表15 所示。

表 15　课程教案示例

象山县培智学校运动与保健课程教案案例

时间	2024.6.13	班级	三年级 10 名学生	教师	王老师
教学内容	发展滚翻能力、学习游戏方法与玩法			总课时	1 / 6
器材准备	PPT、体操垫、胶带、标志垫				
课程教学目标	1. 能说出各种滚翻练习的名称，了解练习的安全要求； 2. 复习不同姿势下身体重心的移动，掌握变化体位滚动的要领； 3. 发展空间平衡感与身体协调能力； 4. 在游戏中培养规则意识，体验运动乐趣与勇于克服困难的精神				
学生能力分层与教学分组	根据学生整体运动能力分成 A、B、C 三个小组。A 组 3 人、B 组 5 人、C 组 2 人。 A 组能自主完成各种滚翻以及组合动作，理解口头指令独立执行任务； B 组在部分肢体辅助支持下完成各种滚翻和组合动作，能理解指令和任务要求； C 组需要在完全肢体帮助下执行上滚动动作，身体的肌力和协调能力较弱，需分解教学目标进行降阶调整，强化躯体垫上滚动，体验身体姿势和平衡控制				
教学内容的重点与难点	教学重点：滚动流畅、快速 教学难点：变换身体姿势滚动中的身体平衡控制				

续表

教学内容	活动过程	学练标准	组织与策略	问题设计	运动负荷	
					次数	时间
开始部分 1′	1. 课堂常规 1.1 集合整队，师生问好。 1.2 宣布教学内容、安排见习生	1. 认真听讲，整队快、静、齐、口令练习，集中注意力。 2. 明确练习内容与要求，达成师生约定	1. 高低手势提示，整队指令。 2. 告知并示范——人一垫，垫前站立		1	60″

适应调整器材、技术、规则、要求（空间距离）、目标

针对学生在练习中存在身体滚动速度不快、身体重心控制不稳定、滚出垫子、不敢参与滚动活动等问题。采用结构化的技术动作学习路线、技术难度层层递进、确保学生都能体验单一动作技术。同时采用标志垫，口号等支持策略，帮助规范参与课堂。在垫子上贴不同颜色的线帮助学生不滚出垫子，让学生夹紧标志垫来提高动作练习质量。依学生水平分层练习，根据学生的掌握情况，分别发布任务，对于能达到自身目标的学生给予相应奖励，以此激发学练兴趣。整个教学过程、学练标准明确、练习难度逐渐增大，及时评价

续表

教学内容	活动过程	学练标准	组织与策略	问题设计	运动负荷	
					次数	时间
准备部分5'	1. 热身游戏（慢跑慢走与立正踩垫） 2. 热身操（头部运动、肩部运动、腰部运动、前屈运动活动）	1. 要求听懂口令、学会观察与聆听。 2. 跟随教师音乐律动进行热身，要求动作到位，注意力集中	1. 动作示范、跟随教师走跑动作。 2. 助教动作指示B、C组学生身体幅度位置		≥1 ≥1	120" 180"
练习部分25'	1. 单一技术练习 1.1 直体滚动 1.2 躯体滚动	1.1 手伸直、腿伸直、滚得直，不滚出垫子，要求大声数出滚动次数，滚动10次以上 1.2 臀压脚跟胸贴垫，左右滚动圆溜溜、完成5次以上滚动，将标志垫放在腹上滚动，要求该垫不掉落，滚动8次以上	1. 示范 学生相互模仿 1.2 动作提示 B、C组学生动作辅助滚动	问题1：怎样可以滚得快？（圆滑、用力）	≥10 ≥13	120" 180"

续表

教学内容	活动过程	学练标准	组织与策略	问题设计	运动负荷	
					次数	时间
练习部分 25'	1.3 侧身滚动	1.3 双手撑垫滚动圆溜溜，动作快，要蹬地。要求完成10次以上。	1.3 标志提示、手撑位置。标志提示头贴垫子位置。	问题2：以上动作应该怎么组合？（连接速度快）	≥10	180"
	2. 组合练习	2. 单个动作连接顺畅，控制身体，不东倒西歪，不滚出垫子。每个组合练习4次以上。	2. 垫子上设置利于学生观察的两条红线以示边界。不滚出示边界线，手势提示边界出。		≥4	120"
	2.1 直体滚动＋屈体滚动				≥4	120"
	2.2 侧身滚动＋屈体滚动				≥4	120"
	2.3 直体滚动＋屈体滚动＋侧身滚动				≥4	120"
	3. 创编挑战大赛	3. 根据所学动作大胆创编，加入挑战动作，集体展示、学会欣赏与评价并给予同伴鼓励。	3. 学生之间合作，成组展示。	问题3：你还有哪些滚动的方式可以加在里面展示给大家？	≥2	150"
	4. 体能练习	4. 跟随教师模仿练习，坚持到底，注意安全。	4. 一路纵队绕场地行进		≥1	240"

续表

教学内容	活动过程	学练标准	组织与策略	问题设计	运动负荷	
					次数	时间
整理部分 4'	1. 放松 2. 主要学习内容回顾	1. 跟随教师在语言提示下，放松身心。 2. 认真聆听，与教师一起回顾滚翻动作要求。 3. 帮助老师回收器材	1. 垫上平躺 2. 语言组织、B、C 组学生动作模仿演示 3. C 组指定器材归回位置	问 题 4：想一想，怎样做滚翻动作可以又稳又快？	≥1	180"
课后小结	1. 三个小组教学任务完成情况描述以及目标达成分析； 2. 教学内容、教学组织与方法与学生学习能力表现的匹配情况分析； 3. 教学组织与教学策略应用适切度反思； 4. 有待改进和调整的部分有哪些？					

4. 教学

教学是课程教学计划实施的重要环节。有效的教学是实现课程教学目标、践行课程指导思想和教育理念的"桥梁"，也是促进学生运动能力发展、培养学生发展核心素养、获得身心健康的"运动绩效"的演化过程。教师的职业信念和专业素养对其教学行为和效果产生深远影响。具备岗位胜任能力的教师在理解教学设计、选择组织教学策略、合理运动教学教法方面表现出与学情、环境以及连接课程目标和学习目标的高度适切性和可行性。通常我们采用的是适应体育发展式教学，其底层逻辑导向是进阶式选择教学内容、教学手段和方法，以求能够逐步适应学生的动作发展和体能发展和认知发展水平。多元化评估和生态任务分析在识别学生学习表现、分析学习效果、调整教学计划等影响因素方面也发挥作用。

5. 评价

评价与以上要素构成一种连续性的评价状态，评价强调对象的范围和程度，包括对一个教学单元的评价、一次任务完成情况的程度评价等。评价的目的在于考核课程目标、教学目标，评价的结果则用来反映目标的达成度，从而重新调整目标，以便制订出合理计划。评价注重过程评价，而非结果评价，学生群体的特殊性导致了评价结果的效用降低，对于学生而言，身体活动是手段而不是目的，学生的参与行为远比体育成绩更加重要，也就是说，运动与保健课程评价体系中更加注重评价的程序有效性，而非结果。

(二)《课程计划》的实施策略

1. 协作与资源互补

运动与保健课程的教学对象在运动能力、认知能力、行为管理等方面存在功能障碍，且表现出多样性和差异性等特征，这就给课程实施的教学组织、课堂管理、学习过程的辅助指导以及学习环境的安全监护带来难度与挑战。一般而言，班级授课的师生比例1:4或1:5，同时，个别学生也有家长的陪同。怎样利用好辅助教师和陪同家长在课程教学过程的支持作用，是主导教师必须思考和提出教学辅助协作方案的问题。有效的做法是，视主导教师、辅助教师和陪同家长为一体的教学执行团队，共同熟悉教学计划，由主导教师分配任务，各人清楚关注的学生对象，配合主导教师推进课堂教学进程，充分利用可用资源，促进和协调资源的合理分配，提高课程教学的实施效果。

2. 倡导和传播

身体活动融入健康服务体系，既是国家健康的战略，也是现代健康理念的重要价值取向。积极倡导和传播参与身体活动对心智障碍群体的意义和价值是教师的社会责任，也是学校健康管理的责任。学校和教师要立足改善环境、提升课程建设、教师专业化，促进培智学校体育教育的高质量发展。通过为学生共享学校和社区资源提高体育教育的服务品质，进而影响家长和家庭成员以及其它社会成员对运动健康的认知。用实际行动去倡导社会改变对心智障碍群体的传统观念，促进社会的融合与和谐，从而激励运动健康和体育教育的良性发展。

九、运动与保健课程的学习评价

（一）课程学习评价的基本原则

体育课程的学习评价，是指对学生体育课程学习质量的评价，通过评价可以了解学生的体能水平、技能掌握、课堂参与、情意态度等多方面内容，同时也为教师进行下一阶段的教学反馈学生相关信息，是教学评价中最为重要的内容之一。运动与保健学习评价是促进学生达成目标的重要手段，以多元的内容、多样的方法、弹性的评价标准和多元的评价主体，构成科学的运动与保健学习评价体系，多方面收集评价信息，准确反映学生的学习情况，充分发挥评价的诊断、反馈、激励与发展功能，更有效地挖掘每位学生的学习潜力，调动他们的学习积极性，促进学生更好地"学"，教师更好地"教"。

根据《课程标准》的课程设计思路要求，运动与保健课程要建立有利于学生进步与发展的多元评价体系，并对学生的体能、知识与技能、态度与参与、情意与合作进行综合评价。提倡在以教师评价为主的基础上引导学生进行自我评价和相互评价，重视形成性评价与终结性评价相结合，提高学生体育学习和锻炼的主动性、积极性及自我评价能力。运动与保健课程的学习评价应遵循以下四个原则：

1. 适切性原则

适切性原则根据学生认知能力、运动能力和学习能力的特征，选择适宜的评估工具和评估内容，进而制订课程学习的目标。应基于以下两个要求：

（1）基于评估结果制订学期计划和月计划。

（2）基于评估结果调整课程教学方案及教学调整策略。

在评估过程中，采用追踪评价和间隔评价，记录学生的目标达成情况。教师通过评估结果，分析并发现学生的特殊需要和身体发展优势，进一步改进教学，增强学生的运动水平与保健意识。还须按照学生的学习水平和个体差异，及时调整与制订短期和长期教学计划和方案。

2. 合理性原则

课程目标的设定要体现学生功能能力的多样性，基于评估结果分层设置目标。

（1）知识与技能：主要对学生体育技能、体能学习的相关知识掌握情况进行评价，包括运动中相关安全的知识，例如：鞋带是否系好，练习前要做好充分的热身，运动后不能大口喝水等安全事项。要学习体育相关的训练要求、比赛规则以及运动标识。

（2）态度与参与：主要对学生上运动与保健课的课堂表现、学习兴趣、是否积极主动地探究问题，以及课外运用所学知识和技能参与活动的行为表现等方面制订指标进行评价。

（3）情意与合作：主要对学生在运动学习和锻炼中的情感表现、体育道德和意志品质、人际交往与合作行为等方面制订指标进行评价。

3. 多元性原则

（1）定性评价和定量评价相结合：教师对学生的学习态度评价应主要采用定性评价的方法（评语式评价等），而对体能、技能、生活适应等方面的发展能力可采用标准化的评估工具进行定量评价。

（2）形成性评价与终结性评价相结合：在教学中，教师应根据学生的诊断性评价结果，注意观察与记录学生的行为表现，用口头评价的方式，及时向学生反馈评价信息，激发学生学习兴趣，不断提高学习能力。在对学生每月或学期的学习成绩进行评价时，教师应综合考评学生在体能、知识与技能、态度与参与、情意与合作方面的学习情况和发展变化，给出指导意见。教师应记录学生的阶段性学习评价和终结性评价，放入学生的"成长记录档案"和个别化训练计划中。

（3）相对性评价与绝对性评价相结合：《课程标准》非常重视学生的个体差异和进步幅度，建议教师将每学期结束时的测试结果、学生在该学期运动与保健学习方面的进步幅度（即进步成绩＝期末成绩－期初成绩），以及教师的课堂教学记录结合起来，对相应的评价指标（如知识与技能指标等）进行综合评价，使每位学生都能感受到通过努力取得进步所带来的成功体验，有效地提高每位学生的自尊和自信。

4. 主体性原则

主体性原则是指评价时要以学生为主体，提高学生在评价过程中的参与程度。在评价的过程中，应充分调动学生的积极性与主动性，关注学生的实际需求、兴趣和生长发育特点，以促进其全面发展为目标。

（1）尊重学生的个体差异和主体地位：根据学生的障碍类型、实际能力水平，制订个性化的评价标准和方法，以更好地反映学生在各个方面进行的情况。

（2）关注学生的需求和兴趣：教师应关注学生的需求和兴趣，以激发学生的学习兴趣和积极性。例如，可以设计一些符合特殊学生兴趣和特点的体育项目和活动，让学生在参与中体验到体育的乐趣和成就感。同时，教师还应根据学生的课堂反应，及时改进和完善，以更好地满足学生的需求。

（3）促进学生的全面发展：应关注学生的身心健康、运动技能、情感态度等多个方面的发展情况。

通过综合评价学生的多个方面，更全面地了解学生的在活动的学习和进步程度，从而为学生提供更有针对性的个别化辅导。

（二）评估内容

课程落地离不开有效评价。本课程的评价分为两个部分：一是学生身体发展评估，该评估包括动作发育熟练度评估和特殊体适能评估；二是学生适应性能力发展评估，旨在全面评估学生的阶段发展情况，从而检验教学效果。

1. 学生身体发展评估

（1）MT – CHINA ——智力障碍学生动作熟练度评估。

MT – CHINA 是北京体育大学卢雁教授团队研发的智力障碍儿童、青少年动作熟练度测试工具。该工具适用于特殊教育学校体育教师对 6～18 岁智力障碍儿童、青少年的协调与平衡能力进行评估。评估结果可以为教师在学校体育教学活动中针对训练智力障碍儿童青少年的平衡和协调能力提供一个参考，可以提高智力障碍儿童的平衡和协调能力，降低其在日常生活、运动中受伤的概率，养成自主练习的习惯，并为今后打下一个良好的健康及运动基础。评估每学年进行一次，示例如下页表 16 所示。

表16　MT – CHINA 评估指标及评估记录示例

指标：闭眼食指摸鼻子　F 失败；R 拒绝；I 不适合操作本测试 2(次)

第一次测试		第二次测试	

循证观察身体姿势和动作控制

○ 站姿不佳 　　　　　　　　　○ 两只手臂配合极不协调

○头部不能保持正位 　　　　　○ 指尖触摸不到鼻尖

○可摸到鼻尖，但另只手臂不能平伸 　○ 完成整个动作过慢

○ 动作过快而不顾规范性

其他记录_____

MT – CHINA 各项测评指标					
领域	评估项目	原始得分	得分率	标准分	备注
身体协调	闭眼食指摸鼻子				
	异侧同步交换跳				
	手指与脚同侧同步轻敲				
身体平衡	闭眼双脚前后站立				
	6步直线走				
	睁眼单脚平衡梁上站立				
物体操控	双手抛接球				
	单手拍球				
	双手衔球				
	双手交换拍球				
总测评分：					

循证观察报告	
手指灵活动作：	身体协调动作：
身体平衡动作：	物体操控动作：
身体位移动作：	

（2）智力障碍学生体能评估。

智力障碍学生体能评估包括力量、柔韧、平衡、心肺功能几个方面的功能指标和身高、体重、体成分等身体形态指标以及血压等生理指标。这项评估是引用了北京体育大学卢雁教授团队的研究成果。评估每学年进行一次。具体测试项目如表 17 所示。

表 17　智力障碍学生体能评估指标

形态指标				测试人员签字
身高	cm	体重	kg	
腰围	cm			
机能指标				测试人员签字
安静血压	mmHg	安静心率	次/分	
肺活量	ml			
运动能力指标				测试人员签字
握力	左	kg	坐位体	cm
	右	kg	前屈	

续表

腹桥			s	单脚闭眼站立		s	
坐站试验						次	
坐姿推球	2kg	第一次		cm	最远距离	cm	
		第二次		cm			
	3kg	第三次		cm			
一分钟仰卧起坐						个	

（3）学生适应性能力发展评估。

适应性能力发展评估参考《适应性行为评定量表（第二版）中文版（儿童版）》的部分适应技能进行评定，主要包括沟通、学校生活、健康与安全、自我照顾、自我管理和社交等六个方面。评估每学年进行一次，具体如表18所示。

表18　学生适应性能力发展评估

学生姓名	沟通	学校生活	健康与安全	自我照顾	自我管理	社交
备注：评价标准：A：100%~80%　B：80%~60%　C：60%~40%　D：40%~20%　E：20%~10%						

2. 教学效果评价

教师教学效果评价对于教学质量的提高具有非常重要的意义。本课程实施中采用的评价方式旨在通过多方面评估教师的授课情况，以期检验教学效果。主要从以下三个方面来体现教学效果：一是学生运动能力发展增值评估，二是家长问卷，三是课时教学效果评价。评估、评价时间安排在课后、月末、学期末三个时间段。从教师自身知识和技能、教学方法、教学态度和性格等方面的表现出发，采用家长评价、教务评价和专业能力评估三种方式进行，充分发挥评价的诊断、反馈、激励与发展功能。

在实际使用过程中，充分运用形成性评价、相对评价和绝对评价相结合，使评价具有科学性、合理性和可操作性。

具体评价包括：①学生运动能力发展增值评估；②家长问卷；③课后教学效果评价；④月末教学效果评价；⑤期末教学效果评价。

学生运动能力发展增值评估

这部分的评价采用北京体育大学残疾人体育研究中心卢雁教授团队研发的《学生运动能力发展评估》工具，该测量工具包含感知觉、眼手协调、四肢协调、身体协调、柔韧性、平衡能力、跳跃能

力、物体操控能力、耐力、力量 10 个分领域共 69
个测试指标。该评估用在学期初始和学期结束，考
查学生的学习进步情况。具体的单项指标也应用在
教学过程中的评估，记录学生学习过程的情况。

家长问卷

尊敬的家长：

您好！为了更全面地了解学生在学习、生活
中、情绪控制及进步情况，我们特此开展本次问卷
调查。您的反馈对我们非常重要，将帮助我们更好
地关注学生的心理健康，促进他们的全面发展。请
您根据实际情况，认真填写以下问卷。感谢您的支
持与配合！具体如表 19 所示。

表 19　家长问卷

班级		姓名		年龄	
	学期初			学期末	
运动意愿	☐ 主动要求参加 ☐ 语言提示，几乎每天都去 ☐ 被动要求，一周 2 次以上 ☐ 被动要求，不愿意参加			☐ 主动要求参加 ☐ 语言提示，几乎每天都去 ☐ 被动要求，一周 2 次以上 ☐ 被动要求，不愿意参加	
运动能力	☐ 走　　☐ 跑　　☐ 跳 ☐ 投　　☐ 拍球　　☐ 传球 ☐ 运球　☐ 投篮　☐ 踢球			☐ 走　　☐ 跑　　☐ 跳 ☐ 投　　☐ 拍球　　☐ 传球 ☐ 运球　☐ 投篮　☐ 踢球	

续表

	学期初	学期末
自控能力	□ 控制情绪 □ 遵守规则 □ 抵制诱惑（美食、电视、游戏等）	□ 控制情绪 □ 遵守规则 □ 抵制诱惑（美食、电视、游戏等）
身体素质	□ 几乎不生病 □ 一个月2次以内 □ 一周一次 □ 总是反复生病	□ 几乎不生病 □ 一个月2次以内 □ 一周一次 □ 总是反复生病

备注：

1. 评价方法：

2. 评价标准：在相应的框中打√

3. 评价次数：学期初和学期末各一次

课后教学效果评价

教师课后评价是教学过程中的一个重要环节，不仅有助于教师及时了解教学效果，发现教学中存在的问题，而且对于促进教师个人成长和专业发展、提高教学质量具有重要意义。课时评价主要从教学目标、教学内容、教学过程、教学教法、教学效果五个方面来进行，并采用教师自我评价、教师互评、督导评价三种方式进行，具体如表19所示。

表20 课后教学效果评价表

班级		活动内容		课时	
评价内容	评价维度	评价方式			
		教师自评	教师互评	督导评价	
教学目标	教学目标合理性				
	教学目标可操作性(分层)				
教学内容	教学内容选择与教学目标是否匹配				
	教学内容选择是否体现学生能力分层				
教学过程	教学过程组织是否合理				
	教学分组策略是否合理				
教学教法	指令是否准确简练				
	示范的时机与效果				
	直观辅具的运用是否恰当				
	情境化手段的运用				
	辅助方法运用是否合理				
教学效果	教学目标是否达成				
	分层任务完成的质量				
	教学组织的有效性				
	方法运用的合理性与有效性				

续表

备注：

1. 评价方法：每节课后教师根据评价标准进行评价打分。

2. 评价标准：

A：100%~80%　　B：80%~60%　　C：60%~40%

D：40%~20%　　E：20%~10%

3. 评价次数：教师自评（课时、期末评价）、督导评价和教师互评（月末评一次）

月末教学效果评价

月末教学效果评价是对一个月内教学活动成果的系统性回顾与评估，旨在了解学生的学习进展、掌握知识的情况以及教学方法的有效性，从而为后续的教学计划调整提供依据。它主要包含学生学习效果、教师教学质量、教学资源与材料等三个方面，并采用教师自评和教务评价两种方式进行，具体如表 21 所示。

表 21　月末教学效果评价表

班级		月份		
评价内容	评价维度	评价方式		
		教师自评	教师互评	督导评价
内容达成度	教学内容是否完成			
目标达成度	教学目标是否达成			

学生活动量达成度	学生的活动量是否达成			

备注：

1. 评价方法：每月末教师和教务根据评价标准进行评价打分。

2. 评价标准：

A：100%~80%　　B：80%~60%　　C：60%~40%

D：40%~20%　　E：20%~10%

3. 评价时的完成率达到 70% 以上为成功

期末教学效果评价

期末教学效果评价是全面评估一个学期教学活动成果的重要依据，旨在衡量学生对知识技能的掌握程度、学习态度、教师的教学质量以及教学方法的有效性。在检测期末的教学效果方面，主要采用教务评价和专业机构评价两部分，具体如表 22 所示。

表 22　期末教学效果评价表

班级		学期	
目标	前测均值	后测均值	均值比较
活动目标 1			
活动目标 2			

活动目标 3			
活动目标 4			
……			

备注：

1. 评价方法：期末教务根据评价标准进行评价打分，然后计算均值。

2. 评价标准：

A：100%~80%　　B：80%~60%　　C：60%~40%　　D：40%~20%

E：20%~10%

参考文献

［1］世界卫生组织《2018—2030 年促进身体活动全球行动计划》.

［2］国务院.《关于构建更高水平的全民健身公共服务体系的意见［2022－03－23］http：//www. gov. cn.

［3］国务院.《关于深入推进义务教育均衡发展的意见》［EB/OL］.（2011－09－07）［2020－09－28］. http：// www. gov. cn.

［4］国务院. 国家教育事业发展"十四五"规划. http：//www. gov. cn.

［5］国务院. 国务院办公厅关于转发教育部等部门"十四五"特殊教育发展提升行动计划的通知. http：//www. gov. cn.

［6］国务院. 教育部关于加强中小学地方课程和校本课程建设与管理的意见. http：//www. gov. cn.

［7］中华人民共和国教育部.（2020）.《培智学校义务教育课程标准（2016 版）》. http：//www. moe. gov. cn.

[8] 浙江省教育厅. 浙江省教育厅关于印发《浙江省特殊教育"十三五"发展规划》的通知. http：//jyt. zj. gov. cn.

[9] Gallahue D L, Donnelly F C. Movement Skill Acquisition. In：Developmental Physical Education for all Children. 4th ed［M］. Champaign, IL：Human Kinetics, 2003.

[10] RichardA. Magill, 张忠秋(译). 运动技能学习与控制［M］. 北京：中国轻工出版社, 2006.

[11] 董奇. 动作与心理发展［M］. 北京：北京师范大学出版社, 2004.

[12] GregPayne, 耿培新, 梁国立, 等. 人类动作发展概论［M］. 北京：人民教育出版社, 2008.

[13] 刘飏. 人类动作发展视角下小学基础动作技能教学体系构建的研究［D］. 北京体育大学, 2022.

[14] 冯晓念. 盲校义务教育阶段体育与健康课程内容资源开发研究［D］. 北京体育大学, 2023.